无分别的爱

养育内在平安的孩子

林巨 著

人民东方出版传媒

东方出版社

图书在版编目（CIP）数据

无分别的爱 / 林巨著 . —北京：东方出版社，2021.1
ISBN 978-7-5207-2035-9

Ⅰ . ①无…　Ⅱ . ①林…　Ⅲ . ①儿童教育—家庭教育　Ⅳ . ① G782

中国版本图书馆 CIP 数据核字（2021）第 001178 号

无分别的爱
（WU FENBIE DE AI）

作　　者：林　巨
策 划 人：王莉莉
责任编辑：王蒙蒙
产品经理：王蒙蒙
出　　版：东方出版社
发　　行：人民东方出版传媒有限公司
地　　址：北京市西城区北三环中路6号
邮　　编：100120
印　　刷：鸿博昊天科技有限公司
版　　次：2021 年 1 月第 1 版
印　　次：2021 年 1 月第 1 次印刷
印　　数：1—5000 册
开　　本：700 毫米 ×980 毫米　1/16
印　　张：15.75
字　　数：170 千字
书　　号：ISBN 978-7-5207-2035-9
定　　价：49.80 元
发行电话：（010）85924663　85924644　85924641

成功的底层逻辑
已经改写，
我们却
一无所知

人工智能时代即将来临。

这个时代，对我们发起的最大挑战是，

成功的底层逻辑已经彻底改变，

但是，我们对此一无所知。

上个月和久未谋面的几位朋友吃饭，大家聊起如何为孩子选择学校。因为到底是选公立学校还是选私立学校，以及选哪所公立学校和选哪种私立学校，大家争论不休。我听了半天，发现他们争论的焦点在于，什么样的孩子最能适应社会，最容易获得成功，抑或获得幸福。

这样的讨论在全世界范围内，无论是饭桌上，还是社交网络中，每天都在进行。

我之前从不参与这样的讨论，但那天机缘巧合，被迫听了很多观点，我渐渐听懂了一个点，一个令我毛骨悚然的点。不管争论如何激烈，不管各位家长的意见有多么冲突，有多么截然不同，但唯有这个点是完全共通的。

在这个点上，他们的三观是完全一致的。

这个点就是，所有的家长都默认，我们培养的孩子是供人来挑选的。最好符合某些标准，如此才好被选中。被别人选中了，我们的孩子才能有成功和幸福。

争论半天，只是在争论供人挑选的标准而已。但是，我们的孩子是供人来挑选的，在这一点上，大家的认识毫无差异，也毫无置疑。

这种争论像极了一群动物在讨论怎样养育小动物，肉质才会更加肥美。讨论养育怎样的肉质，人类才会更加喜欢。

我也由此看见，人类关于成功和幸福的底层逻辑是符合标准。所以，教育最重要的事情，就是培养符合标准的孩子，无论是家庭教育还是学校教育，都在根据这个底层逻辑展开。

也许在人类生产力落后的时代（从石器时代到工业化后期），这样的底层逻辑、教育观是相对正确的。

因为，在生产力落后的时代，人很多时候是工具的工具。而工具是标准化的，所以人必须符合标准，如此才能有立足之地。

但是，从人工智能时代开始，人类将首次真正被工具服务。也是从人工智能时代开始，人类将首次需要，真正把人当作人来养育。

因为，标准的事情将由机器人来做，人类只需要做非标准的事情。

显然，人工智能时代，生命成功和幸福的底层逻辑将绝不再是标准化。

这100年，是人类历史狂飙猛进的100年，尤其是对于中国人而言。

100年前，还是农耕时代，现在，你的孩子将生存在人工智能时代。

显然，你的三观尤其是教育的三观，是严重需要质疑的。

人类文明在迅速发展，但是作为个体的我们，世界观、价值观、人生观（三观）还停留在石器时代。那么，很显然，倒霉的只能是我们的孩子。

怎么办？

人工智能时代的成功的底层逻辑又是什么呢？

这就是这本书要贡献给大家的价值所在。

这本书将和大家分享：人工智能时代，人类成功和幸福的底层逻辑是什么，以及怎样养育具备这种底层逻辑能力的崭新的人类。

这本书不是一本通俗的著作，但并不枯燥难懂。

如果书中遇上有暂时读不懂的部分，请别急着放弃，沉下心来多读几遍即可。

为了您和孩子的未来，请不要放弃读懂这本书。因为，这是一本揭示未来的书，花点儿时间读懂它是非常值得的。

林 巨

第一章

教育的目标

第二章

生命的重心

目录

第九章

无分别的爱

第一章

教育的目标

1. 成功与幸福

家庭教育的目标，就是帮助我们的孩子，在人世间获得必要的物质方面的成功，以及充分的精神方面的幸福。

物质的成功，精神的幸福，就是教育的目标。

教育的目标：成功和幸福。

也许，你有很多其他的措辞，但归结起来，最终还是指向：物质的成功，精神的幸福。

人需要物质，也需要精神，最好两者都成功。

这是人性。

那么，接下来的问题是，怎样才能获得成功和幸福？

2.　标准答案

怎样才能获得成功和幸福？

这个问题的答案太多太多了，千万个都不止。

提供这个答案的人，包括但不限于父母、老师、朋友、同事、领导、大师、神仙……

我想问一个问题：提供答案的这些人，他们自己的人生成功和幸福吗？

如果他们自己的人生并不成功和幸福，那么他们为什么可以这么自信地提供关于人生成功和幸福的答案呢？

也许，有极个别人是成功和幸福的。

那么，他会一直成功和幸福吗？

怎样才能获得成功和幸福？

进一步讲就是，怎样才能获得持续的成功和幸福？

我不知道，谁有资格回答这样的问题。应该没有人。

因为，谁也不敢说：我会永远成功，我会永远幸福。

　　但是，在现实世界中，关于如何成功、如何幸福，有很多答案。

　　某些答案还被认为是亘古真理，标准得不能再标准，真理得不能再真理。

　　我只能说，这些标准答案，也许，应该，可能，大概率，都是错的。

3. 核心问题

那么，到底怎样才能获得成功，怎样才能获得幸福呢？

其实思考这个问题没有什么意义。

为什么？

因为，更为关键的问题，不是怎样才能获得成功和幸福，而是什么才是成功，什么才是幸福？

到底什么才是成功，什么才是幸福呢？

这是远比"怎样才能获得成功和幸福"更为第一性的问题，也是更为关键和基础的问题。

这个问题对于人生的价值和意义，远远比"怎么才能获得成功和幸福"重要。

至少重要一百倍。

其实，很少有人能意识到这也是一个问题。

因为在很多人的心目中，成功和幸福是有明确标准的。

什么是成功？什么是幸福？

　　成功就是……幸福就是……张口就来的背后，是早已固化的标准答案。

　　真正的问题就在这里。

4.　失败之道

到底什么才是成功，什么才是幸福呢？

这个问题我们先放一放。

我们先来探讨什么不是成功，什么不是幸福。

或者，更精准的表达是：

什么会阻碍成功，什么会绝缘幸福？

如果我们知道什么会阻碍成功，什么会绝缘幸福，那么我们把这个阻碍拿掉，让这个绝缘消失。成功和幸福自然就很容易到来。

那么，什么能有效阻碍成功，什么能有效绝缘幸福呢？

答案：标准。

5. 最佳绝缘器

标准是成功和幸福的最佳绝缘器。

标准是一个人格评价系统，它有以下几个特点：

一是在你未达到标准时，标准看上去是固定的，能够得上的。

二是在你达到标准时，标准会马上提高或改变。

三是即使你达到最高标准，标准也会变成——你要永远保持这个最高标准。

四是你符合这个人的标准，往往也不符合那个人的标准；你符合这方面的标准，往往也不符合那方面的标准。你符合这一时这一地的标准，但不符合彼一时彼一地的标准……从根本上讲，你其实是永远无法达到标准的。

五是即使你符合所有人的标准，你得到的也不都是赞美，更多的会是嫉妒。

六是即使你费尽力气达到了标准，你往往也会发现索然无味，发现这完全不是你的"菜"。但诡异的是，在没有达到标准时，你却以为达到了标准，成功和幸福就来了。

……

只要有标准，生命得到的最大的礼物就是，不停地被他人否定，或被自己否定，直至这个最为可怕的结果诞生：

你处处追求外在标准，你就会一点一点丢失自己的心，直至永远也找寻不回来。

你丢失了自己的心，成功和幸福自然就远离你了。

因为，**成功和幸福最根本的特质是，需要你高度的自我认可。**

你找不到自己的心，不知道自己的心在哪里，不知道自己的心是否真的认同，是否真的喜爱。所谓的成功和幸福，也只不过是他人眼里的定义和评价。

你只是一个傀儡，一个拼命为获得他人的认同而疯狂努力的傀儡。

至于这是不是你自己需要的，是不是你自己热爱的，是不是你自己心醉神迷的，没有人关心，包括你自己。

当一个人只能活在别人的评价中、别人的认同中时，能收获真正的成功和幸福，那才奇怪呢。

标准为什么是成功的阻碍、幸福的绝缘？因为标准成功地阻碍了、绝缘了你和你自己的心。

6. 流浪人生

人生的苦难在于心的流浪。

心明明就在你的身体里、心灵内，但是你就是看不见。

因为，你一来到人世间，就不停地被告知：外在的标准第一。

人最重要的是按照标准生长。

人必须达到社会的标准，否则就不能被称为人。

人这一辈子，一定要符合外在的标准。

至于你的心怎么思想，怎么感受，怎么呼吸和生长，并不重要。

这个世界最重要的是外在标准，是符合外在标准。

生活是由无数细节构成，由无数追求标准的细节构成的。

在这样无数的标准的洗礼下、打压下，你很快就被训练成熟了。

你很快就学会娴熟地、专业地打压自己的心，蔑视自己的心，嘲笑自己的心。

你的心，就只能开始流浪了。

哪里都没有它的容身之所，它除了逃避，除了流浪，除了自裁，没有别的出路。

　　你的一生，注定为他人而活。

　　你的一生，注定找不到自己的心。

　　直至死亡，你的心依然在外面流浪。

　　苦难人生，标准铸就。

7. 千山万水

你和你自己的心，隔着千山万水。

世界上最遥远的距离，就是你和你的心的距离。

人世间的悲剧，皆源于此。

你知道自己热爱什么吗？

这是你的热爱，还是你爸爸妈妈的热爱？

你知道自己的恐惧吗？

这是你的恐惧，还是你爸爸妈妈的恐惧？

你知道自己的欲望吗？

这是你的欲望，还是你爸爸妈妈的欲望？

你相信自己的感受吗？

这是你的感受，还是你爸爸妈妈的感受？

你知道自己渴望什么吗？

这是你的渴望，还是你爸爸妈妈的渴望？

……

这是你的信念，还是你爸爸妈妈的信念？

这是你的想法，还是你爸爸妈妈的想法？

是你自己喜欢，还是你替爸爸妈妈喜欢？

是你自己厌恶，还是你替爸爸妈妈厌恶？

是你自己选择，还是你替爸爸妈妈选择？

……

你的一举一动的背后，到底体现了什么热爱，什么恐惧，什么欲望，什么感受，什么信念，什么渴望，什么想法，什么需求？

是什么在驱动你的心？

答案是永恒的三个字：

不知道。

8. 零距离

如果一个人能清晰地看见自己的心、表达自己的心、理解自己的心、允许自己的心、相信自己的心，那么对于这样的人而言，每一个当下，此身、此地、此心都是成功的，都是幸福的。

什么是成功？什么是幸福？

答案是，看见自己的心，表达自己的心，理解自己的心，允许自己的心，相信自己的心。

怎样才能成功？怎样才能幸福？

你一定要离自己的心很近很近，你才能成功，才能幸福。

就家庭教育而言，你一定要帮助你的孩子，让他离自己的心很近很近。

9. 天选之路

成年人很可怜，与自己的心隔着千山万水。

但是，刚刚出生的孩子，离自己的心很近很近。

婴儿的每一个微笑，每一次哭泣，每一顿饭，每一次玩耍，每一次拥抱，每一个诉求，都是出于本心的需要。

越是幼小的孩子，越是离自己的心很近。

教育也非常简单。

你只需要充分地看见孩子的心，充分地尊重和满足他的心，他就会一直保持离自己的心很近的状态。

所以，家庭教育的关键不是做什么，而是不做什么。

所以，家庭教育的关键不是强化什么，而是淡化什么。

但是，要父母不做什么、淡化什么，比让父母做什么、强化什么，困难一百倍。

简单的东西从来都是最难的东西。

保持婴儿般的本心，保持孩子离自己的心很近的状态，这就是家庭

教育的天选之路，天定之途。

一切良好的教育，都是帮我们离孩子的心更近的教育。

唯有无分别的爱，是与孩子的心零距离的教育。

因为，无分别的爱是无标准的爱。

第二章

生命的重心

10. 双重心轨道

标准带给小生命无数的伤害，这些伤害集合起来，最终形成一个结果：你这个人是有问题的，是不好的，是罪过的，甚至是罪恶的。

无数标准累积起来，给了孩子一个深刻的人格定位：我是不好的。

这个深刻的自我评价、自我定位，就是生命的重心，这是生命在后天教育中形成的重心，称为"后天重心"。

但是，生命先天还有一个重心：我是好的，我是OK的，我是没有问题的。

这个先天的重心，是生命的本能，是生命的根本，简称"先天重心"。

先天的重心会本能地跟后天的重心对抗，形成生命的双重心机制。

生命有两个重心，运行轨道如下页图所示。

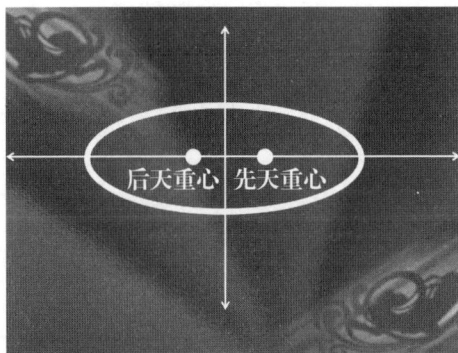

生命重心论：双重心运行轨道图1

　　这是一个"壳"，很厚，很顽固，很执着，形成了生命的坚实的封印。

　　如果一个家庭后天标准特别多、特别执着、特别深重，那么孩子的后天重心就会特别重、特别执着。为与之对抗，孩子的先天重心也会越来越重，越来越执着，就会形成如下图所示的运行轨道。

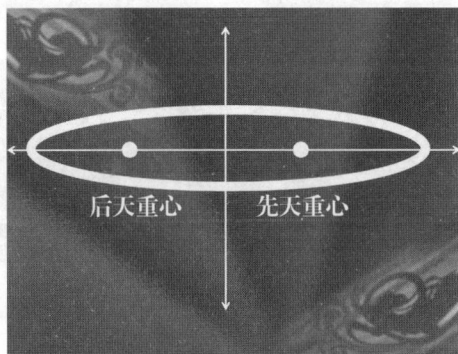

生命重心论：双重心运行轨道图2

　　这就叫作生命的扭曲、异化和变形。

11. 单重心轨道

单重心就是生命只有一个重心，即先天重心：

我是很好的，很棒的，我是没有问题的。

单重心生命的运行轨道如下。

生命重心论：单重心运行轨道图1

你可以把此运行轨道中的先天重心想象成一个太阳，它光芒万丈，活力四射，来去自由。

随着生命的日渐长大、成熟，重心越来越稳，轨道渐渐如下图所示。

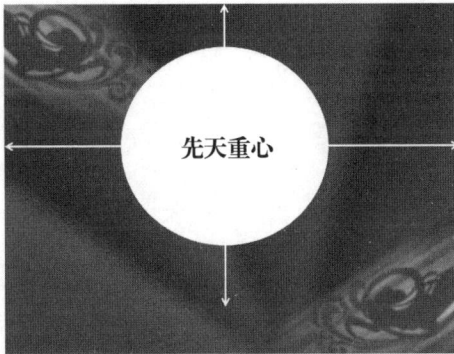

生命重心论：单重心运行轨道图2

12. 封印的人生

运行轨道代表生命面对问题、解决问题的基本方式。

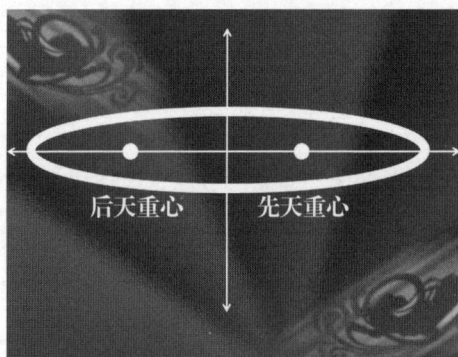

生命重心论：双重心运行轨道图

先看双重心的运行轨道。

生命有两个重心，心在其间不停地晃来晃去，注定不得安宁。

所以，双重心的生命，面对问题、解决问题的基本特点是：

莫名地纠结；莫名地焦虑；莫名地不安；莫名地恐慌；严重地内耗。

心不得安宁，能不纠结、焦虑、恐慌吗？自然不能！

大量纠结、焦虑、不安和恐慌的情绪，形成了对生命的严重内耗。

再看外圈那层厚厚的壳。

那层壳就是生命的封印。

双重心的生命，是被封印的生命。

道理也很简单，因为能量被大量内耗，所以生命就突破不了，就此被封印。

后天重心（后天否定、后天标准）越重越多越执着，生命就越来越扭曲，纠结、焦虑、不安、恐慌和内耗越厉害，封印也就越深重。

双重心有好处吗？

有。

就是短时间内某种特异的能力，会发展得特别厉害（图中圆的尖锐度，代表厉害程度，尖锐到一定程度后，甚至可以达到天才的程度。参见双重心运行轨道图）。

但是从整体来看，这是一个扭曲的生命，是一个痛苦的生命，是一个病态的生命。

这是一个不在健康均衡态的生态；

这是一个被尘封住不得解脱的生命；

这是一个在很多方面未开化的生命。

13. 第四种角色

妈妈有四种角色：

第一种角色，保镖，尽心尽力保护孩子的安全；

第二种角色，保姆，细心照顾并满足孩子的生理需求；

第三种角色，母亲，爱的供给者，世上最纯粹的正能量的供给者；

第四种角色，老师。

第四种角色是大量标准的提供者和制造者。

妈妈要好好胜任前面三种角色，尤其是第三种角色。但是，妈妈尽量不要担任第四种角色，不要成为标准的提供者和制造者。如果实在要提供标准，也要慎之又慎。

备注：本书中所称的"妈妈"，是对所有监护人的统称，包括妈妈、爸爸、姥姥、姥爷、爷爷、奶奶等。只是为了表述方便，用"妈妈"一词来代表了。

为什么？

理由很简单。

你的标准只符合你自己的天赋、爱好、家庭背景、人生经历、时代背景等，并没有普适性。

你的孩子有自己的，与你不一样的天赋、爱好、家庭背景、人生经历、时代背景……他不会复制你的人生，因此，他并不需要复制你的标准。

妈妈努力提供标准的主要作用，只是让孩子形成严重的双重心而已。

14. 漫长的童年

先天重心是什么？

生命最为根本的执着：我是很好的，我是没有问题的。

再来看看单重心的运行轨道：

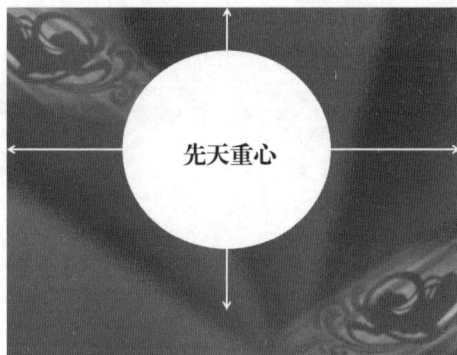

生命重心论：单重心运行轨道图

其实，单重心中也有后天重心，只是后天重心和先天重心完全重合，也就是后天妈妈给予孩子的人格评价永远是：

你是很好的，你是没有任何问题的。

妈妈几乎不提供标准，妈妈只需要提供：对孩子心的看见、表达、理解、允许和信任。

妈妈只是提供，和孩子的心在一起的最优质的陪伴。

妈妈只是维持，孩子和自己的心零距离的状态。

单重心的孩子长得慢。

他不需要急着长大，因为，他不需要急着习得标准。

他可以完全按照自己的节奏、自己的天赋、自己的方式，认知自己和这个世界，与自己和这个世界建立和谐、深邃的链接。

我可以负责任地说，作为万物之灵的人类，真要按照自己的节奏，把自己的内在结构搭建和谐，需要漫长的时光。如同参天大树，花在生长树根上的时间和精力，是远远超越灌木的。

所以，单重心的孩子，童年长，很漫长。

其实，终其一生，单重心的孩子都在童年期。

因为，他的心灵总是那么柔软、新鲜、安宁、美好、专注、流动，充满渴望，富有创新……

15. 未被调整

　　单重心的孩子是未被调整好的生命。

　　因为他的妈妈，拒绝以自己的标准、以社会的标准，来调整自己的孩子。

　　在这样的妈妈眼里，孩子按照原本的面貌生长即可，无须被调整。

　　她的孩子，只需要做自己就好了。

　　她的孩子，只需要展现生命原本的面貌就好了。

　　她的孩子，只需要呈现出本心就好了。

　　被调整好的生命，和未被调整的生命相比，有何不同呢?

　　未被调整的生命就是一个孩子。他已经50岁了，但还是一个真正的孩子。

　　被调整好的生命就是一个成人。他只有3个月大，但很遗憾，他已经很成人化了。

　　显然，这个世界上未被调整的孩子很少很少。真正的孩子，那些未被调整的孩子，千分之一的占比都到不了。由此可见，人类文明还处于非常低级的阶段。

16.　生命的天然

如果没有被打扰、被评判、被伤害，生命就会天然地以为自己是很好的。

婴儿想吃就要，不管不顾；不想吃就拒绝，也是不管不顾。

他并不觉得有什么不对，有什么是需要调整的。相反，他发自内心的理直气壮。

婴儿不舒服了、委屈了、难受了，就大哭；开心了、舒服了，马上展颜一笑。

他并不觉得有什么不对，有什么是需要调整的。相反，他发自内心的理直气壮。

婴儿对于自己喜欢的就多吃，不喜欢的就少吃；喜欢的就多玩，不喜欢的就少玩。

他并不觉得有什么不对，有什么是需要调整的。相反，他发自内心的理直气壮。

……

生命天然以为：自己的欲望、自己的感觉、自己的方式，是第一重要的，是对的，是应该被好好满足的。

他的第一念就是我很OK，我很重要，我很好。

这第一念就是生命的本心，就是生命的初心。生命天然是从自己的本心和初心出发的，是肆无忌惮地遵从自己的本心和初心的。

但需要一个前提条件：这个本心或者初心不被打扰、不被批判、不被纠正。

如果被打扰、被批判、被纠正，羞愧心、惭愧心、罪过心瞬间就会生长出来。

人类永远不缺羞愧心、惭愧心和罪过心，这样的心越晚生长出来越好。

如果出来得过早、过多，这个羞愧心、惭愧心、罪过心就是成年后恶行的源泉。

因为，人的天性是不接纳自己"不好"的，他会认为，既然我不能不好，那就只能是你不好了。

批评、指责、攻击、唠叨、抱怨……就此产生。

羞愧心是恶行之源。

平静心是美德之根。

我们的生命天然是平静的。

记得，生命最为根本的执着是，我是很好的，我是OK的，我是没有问题的。

在这个根本执着里，生命宁静而美好。

17. 我和你

我是很好的，我是没有问题的。

那么，这个孩子会不会以自我为中心呢？

会不会特别不理解别人呢？

会不会人际关系特别糟糕呢？

会不会特别自私自利、难以相处、傲慢、自负、自以为是……呢？

人一定要以自我为中心，然后才能真正看见他人。

人一定要充分满足自己的"自以为是"。

这个自以为是就是人的自尊、自爱、自重。

每个人都是"自以为是"的，因为每个人的大脑是长在自己身上的，所以每个人只能选择"自以为是"。

人一定要充分尊重自爱、自重的一切想法和做法。

在这个过程中，生命会自然发展出一个概念：我很重要，我要尊重我自己，我要爱护我自己。

接下来，人很自然地会发展出第二个概念：你也是很重要的，你也要尊重自己，你也要爱护自己。

接下来，第三个概念就形成了：既然我要爱我自己，你也要爱你自己，那么，我们都要爱自己，我们得互相兼顾。

注意，"你"和"我"之间，一定要以"我"为主，千万不要乱了这个次序。

当一个人的自爱、自重被充分尊重时，他爱、他重自然会和谐地发展出来。

但是，这个过程并不是以养育者的标准和养育者认定的节奏、方式展现出来。

每个生命，都有自己的天赋、节奏、方式，有属于自己的标准。

反过来，生命认定自己不重要，自己不能爱自己，生命会发展出别人很重要，要爱护别人的想法和情感的概念吗？自然不会。

一个人，连自己都不爱，又怎么会爱他人。

人是无法给予他人连自己都没有的东西的。

让生命待在根本执着中，待在单重心的状态中，浸泡在自爱自重的自尊中，生命的一切美德会自然成长出来。

春有百花秋有月，夏有凉风冬有雪，依次展开，如此而已。

一个人，是因为懂得自己，才懂得别人的。

18.　内高外低

单重心的孩子，有一个核心的特质：内在高评价，外在低执着。

外界的东西可以当作参考，但最重要的还是自己的判断和认识。

这样的生命比较容易发展出深入系统的人生观、世界观、价值观，比较容易探索出属于自己的思维模式和价值观模式。

在这个世界上，能建立起属于自己的思维模式和价值观模式的生命是很稀有的。

内在低评价，外在高执着。

因为内在评价低，就必然非常在意外界的看法；非常在意外界的反应，自然外在执着就会高。

在意外界，问题是外界的声音经常变化，自己内在的声音又不知道，纠结、慌乱、焦虑、惊恐……自然就来了。

双重心的孩子，内在低评价，外在高执着。

"内在低评价，外在高执着"的生命，其主要的思维模式就是从众。

生命对自己的内在高评价，只能源于父母。

父母对孩子内在评价高，孩子对自己的内在评价就高。

即使孩子看起来并不卓越，甚至看起来还"很差"，但他就是相信自己。

父母对孩子内在评价低，孩子对自己的内在评价就低。

即使孩子看起来很优秀、很卓越，但他就是不相信自己。

生命的内在评价，与生命一切的外在无关，它只和一个东西有关：父母的评价。

如果你特别在意这些东西，你就必然会低评价你的孩子：

在意他是不是比别的孩子优秀；

在意他是不是养成了某个习惯；

在意他是不是获得了某项技能；

在意他是不是懂得了某个道理；

在意他是不是拥有某种美德，如善良、诚实、坚持、谦虚、耐心、温和、勤奋、努力、拼搏、包容、理解他人等；

在意他是不是拥有某项天赋；

在意他是不是拥有某种状态，如平静、平和、放松、宽容、微笑、美丽、安静、不执着等；

……

并不是不可以在意，而是要慎之又慎，少之又少，不仅要慎重，还要少，更不要太执着。

无分别的爱是养育一个单重心的孩子，它需要你学会：

纯粹地欣赏生命本身的美丽。

第三章

人性本圆满

19. 欲望的圆满

生命根本的欲望只有一个：

生存并发展自己。

要满足这个根本的欲望，就需要满足各种各样的次级欲望，种类多到如同自然界的动植物的数量，纷繁复杂。

这就是生命的欲望的圆满。

在家庭教育中，欲望的圆满是指：

妈妈要尽可能多地看见孩子各种各样的欲望，表达孩子各种各样的欲望，理解孩子各种各样的欲望，允许孩子各种各样的欲望存在，相信孩子各种各样的欲望，帮助孩子实现各种各样的欲望，平衡孩子各种各样的欲望，发展孩子各种各样的欲望。

看见、表达、理解、允许、相信、帮助、平衡、发展，一切的一切，从看见开始。

很多欲望，看见就是满足，其实并不需要你或她真正做什么。

很多欲望，表达就是满足，其实并不需要你或她真正做什么。

很多欲望，理解就是满足，其实并不需要你或她真正做什么。

很多欲望，允许就是满足，其实并不需要你或她真正做什么。

但也有很多欲望，是必须真实地、及时地、高质量地去满足的。只是看见、表达、理解、允许，是绝对不行的。

要相信，所有欲望都是生命美好的一部分。

有些欲望，需要你的帮助才能满足。

有些欲望，和别的欲望冲突，需要你的智慧平衡它们。

有些欲望，可以演变成更合理、更智慧的欲望。

看见、表达、理解、允许、相信、帮助、平衡、发展，家庭教育的精髓，就在这八个词中。其中的关键词，是"看见"和"理解"。

爱的主要内容就是陪伴。

陪伴，一是指时间，二是指质量。

高质量的陪伴，必须和孩子的心在一起。

什么是"和孩子的心在一起"？

即时时能看见、表达、理解、允许、相信、帮助、平衡、发展孩子各种各样的欲望。

这自然非常不容易。

这里面最难的，就是我们自然地、根深蒂固地以为，很多欲望是不好的。甚至连"欲望"这个词都是不好的。

人怎么能有欲望？

欲望怎么能被满足？

欲望代表的不是罪恶吗?

......

不解决这个至关重要的问题，是无法真正掌握无分别的爱的精髓的。

20.　生态系统

生命是一个生态系统，里面有各种各样的动物、植物、物产、人文、地貌、气候、星象……

假设各种动物，代表生命的欲望。

动物越多，代表欲望越多。

动物越多，生态系统越丰富，越稳定，越强大。

欲望越多，同样也如此。

这里面有狼，代表攻击的欲望；里面有羊，代表防御的欲望。

重要的不是狼或羊是不是坏蛋，重要的不是这个欲望是好还是坏，重要的是，生态系统的均衡、稳定和发展。

那么，生态系统怎么均衡，怎么稳定，怎么发展呢？

尊重各种动物（欲望）的生存空间，满足各种动物（欲望）的生存资源。

发展出更多样化的动物、植物、物产、人文、地貌……

越多样，系统越均衡，越稳定，越丰富，越美丽，越繁盛，越强大。

经年累月，大自然就是这么发展的。

古往今来，老天爷就是这么做的。

那么，我们应该怎么做呢？！

大自然生态之理，即生命养育之理。

生命弱小的时候，欲望相对较少，整个系统如下图所示。

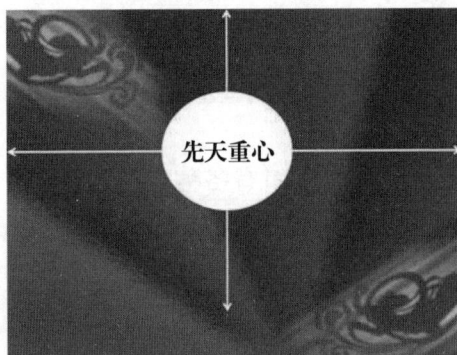

生命重心论：单重心运行轨道图1

随着生命渐渐成长，欲望越来越丰富，整个系统如下图所示。

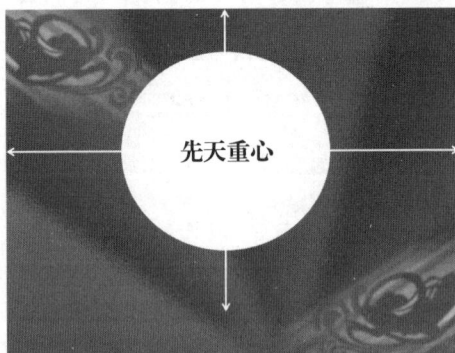

生命重心论：单重心运行轨道图2

随着生命的成长，欲望的逐渐丰富和满足，系统越来越稳定，越来越均衡，越来越多姿多彩，越来越富有魅力。

生命是一个复杂至极的生态体系，它并不是单独某个欲望的存在体。我们的担心和恐惧，来自我们机械的世界观。若我们机械地、割裂地、单独地看待某个欲望，那么这个欲望确实非常可怕，好像人会被这个欲望彻底统治，人会彻底沦为"囚犯"。但若是从整个生态系统来看呢？

生命这个生态体系，天然是均衡的、稳定的。只要生态系统均衡和稳定，就说明每一个欲望都如同一种动物，其生存空间都是天然受限的，都是合理选择的。每一个欲望都如同一种动物，都只能在合理的时空中生存发展，且相互制约，相互增益，和谐发展，最终共同打造出一个多姿多彩、美轮美奂的生态体系。

机械思维就好比，我们单独被放在野外，被放在一群狼的面前。我们当然会被吓"死"过去。

生态思维就好比我们坐在观景台上，喝着酒，聊着天，拿着望远镜，看着狼群在奔跑猎食，看着大自然千变万化。这个时候的你，又有何可惧呢？

所以，允许所有的欲望，相信所有的欲望，平衡所有的欲望，智慧地满足所有的欲望，天并不会塌下来。天不仅不会塌下来，反过来，我们还会养育出人格圆满的生命。

人格圆满的生命，怎么可能反自己、反社会？

若你的孩子，构建了均衡、稳定、丰富、强大的生态体系，那么他是绝不会成为反社会的人的。他只会成为人类中的卓越者，人类真正的精英和希望。

反过来，你认为这也不对那也不对，这不能满足那也不能满足，你甚至会以摧毁生命整个生态体系的均衡为代价，疯狂地乃至变态地强化孩子某方面的能力。

也许，有可能，你的孩子某方面的技能暂时看起来非常优秀，但是，很可惜，他的整个生态系统是一片荒漠，是濒临破碎的。这时你的孩子，有极大的概率会成为反社会的人。

所以，无分别的爱，是生态化养育的爱，是把生命视作生态体系的爱。

无分别的爱，是对生命至深的理解和尊重，是世上最丰富最全面的爱，是以完成人的丰富生态化，作为养育的最高目标和唯一目标的。

从生态化养育的角度来看，孩子越长大，越好玩。

为什么呢？

因为越长大，生态越丰富。

你的孩子是越大越好玩，还是越大越让你发愁呢？

我们之间的不同只是在于：在我看来，生命是一个生态体系；而在你看来，生命是一个机械。

爱是什么？

爱是世间最纯正的正能量。

最好的爱，就是"和孩子的心在一起"的爱，就是"时时能看见、表达、理解、允许、相信、帮助、平衡、发展孩子的各种各样的欲望"
的爱。

　　你的孩子时时刻刻在这样纯正的正能量的灌溉下成长，请问，他会
长成一个什么样的人呢？

21. 策略的圆满

生存策略，简称"策略"。

什么是生存策略？

生存策略是对满足欲望的所有方式方法的统称，包括但不限于思想体系、情绪情感、知识技能、反应模式、思维模式、行为模式等。

生存策略经常是相互矛盾的。

自信PK自卑；强大PK弱小；快速PK缓慢；勤奋PK拖沓；聪明PK愚笨；

谦虚PK骄傲；快乐PK焦虑；宁静PK不安；神圣PK卑微；高贵PK猥琐；

努力PK懒惰；自律PK懒散；成功PK失败；诚实PK撒谎；相信PK怀疑；

乐观PK悲观；积极PK消极；自由PK限制；独立PK依赖；前进PK后退；

……

真可谓无穷无尽。

满足一个欲望，往往需要无数个策略配合，自然也包含无数个相互矛盾的策略的配合。

这就是这个世界的运行之道。

是不是有些策略是没有价值的，是没有意义的，是不应该被提倡的，是应该被消灭的？

世上没有哪个策略是没有价值的，是没有意义的，是不应该被提倡的，是应该被消灭的。道理在关于"生态体系"的介绍中已经阐述得非常清晰，此处不再赘述。

请看下面这张图：

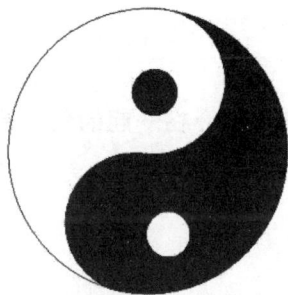

这个世界从来都是阴阳相对的，阴中有阳，阳中有阴。

阴阳皆为善也。

这就是宇宙的存在模式和运行模式。

难道唯有人类可以只要阳，不要阴吗？

你要养育一个完整的人，要养育一个人格圆满的人，要完成一个人的生态化，不仅仅要"看见、表达、理解、允许、相信、帮助、平衡、发展各种各样的欲望"，还要"看见、表达、理解、允许、相信、帮助、平衡、发展各种各样的策略"。

所以，无分别的爱是要求养育者不断学习的，要遍学天下所有的学问。因为，所有的学问都是策略。

最好的爱就是"和孩子的心连在一起"的爱，就是"时时能看见、表达、理解、允许、相信、帮助、平衡、发展孩子的各种各样的欲望"的爱。

还要再加一句：

最好的爱就是"和孩子的心在一起"的爱，就是"时时能看见、表达、理解、允许、相信、帮助、平衡、发展孩子的各种各样的策略"的爱。

我们简化一下：

无分别的爱，是和孩子的心在一起的爱，是时时能看见和理解孩子的欲望和策略的爱。

22. 时空前提性

大自然多姿多彩，海量动物、植物和谐相处，互益生长。

我们的生命多姿多彩，海量欲望、策略和谐相处，互益生长。

这是怎么做到的呢？

关键是这五个字：时空前提性。

再海量的动物、植物，再海量的欲望、策略，具体到每个时空，都是有条不紊、互不矛盾的。

狼看见羊，就得进攻；狼看见猎人，就得逃跑。

狼看见小羊，全力以赴；狼看见成年壮羊，退避三舍。

狼饿得不行，看见落单的猎人也会奋起攻击；

即使狼快饿死了，看见成群的猎人，也只能仓皇逃窜。

……

完全不同的应对模式，机械来看，矛盾重重，放在具体的灵动无比的时空中，一切都是如此合理。

这件事你有把握，风险不大，利益很大，你就会自信，会积极进取。

这件事你毫无把握，风险还很大，即使成功了，利益也不大，你就会害怕，会退缩。

这件事忽然有了一个强大的帮手，承诺的回报也加大了10倍，你就有信心试试。

你对这件事本来很有把握，但是竞争对手出乎意料的强大，再下去你会血本无归。这种情况下，你就会升起自卑心，选择放弃，避免更大的损失。

……

有些东西看似矛盾，是因为你机械化了时空，若你生态化时空，一切就不矛盾了。

不仅毫不矛盾，而且相得益彰，丰富多彩，神奇智慧。

为什么一定要培养自信，一定要提倡自信？

自信一定好吗？不一定，说不定自信会让你"死"得最惨。

为什么一定要打压自卑，一定要拒绝自卑？

自卑一定不好吗？不一定，说不定自卑会救你一命。

哪有什么东西是至高无上的！

哪有什么策略是普遍合理的！

哪有什么东西是必须提倡的！

哪有什么东西是注定被唾弃的！

自信不必培养，自卑也不必嫌弃。

强大、弱小、快速、缓慢、勤奋、拖沓、聪明、愚笨、谦虚、骄傲、快乐、焦虑、宁静、不安、神圣、卑微、高贵、猥琐、努力、懒

惰、自律、懒散、成功、失败、诚实、撒谎、相信、怀疑、乐观、悲
观、积极、消极、自由、限制、独立、依赖、前进、后退……同样
如此。

每一个策略，都有其特定时空下的积极的价值和意义，唯此而已。

每一个策略，在错误的时空前提下，都是没有价值和意义的，如此
而已。

生命需要每一个策略，一个都不能少，越多越好。

老天爷送给我们的礼物，每一个都是珍贵无比的，我们要珍惜所有
的存在。

但是，生命更需要知晓，每个策略的时空前提性。

这个世界上是没有普世真理的，一切都是具体时空下的价值。

这就是万事万物的时空前提性。

这是生命最需要了然的智慧。

因为，你若固化某个价值、某个策略，又不知道它的时空前提性，
不分时空地提倡之、鼓吹之，那么你只会伤害生命本身的圆满。

命运会惩罚你的无知。

人生的悲剧，渊源于此。

自信、强大、快速、勤奋、聪明、谦虚、快乐、宁静、神圣、高
贵、努力、自律、成功、诚实、相信、乐观、积极、自由、独立、前
进……都不必培养。

因为，生命本就具备这一切。

自卑、弱小、缓慢、拖沓、愚笨、骄傲、焦虑、不安、卑微、猥

琐、懒惰、懒散、失败、撒谎、怀疑、悲观、消极、限制、依赖、后退……都不必唾弃。

因为，生命本就具备这一切。

更为重要的是，自信、强大、快速、勤奋、聪明、谦虚、快乐、宁静、神圣、高贵、努力、自律、成功、诚实、相信、乐观、积极、自由、独立、前进……并不比自卑、弱小、缓慢、拖沓、愚笨、骄傲、焦虑、不安、卑微、猥琐、懒惰、懒散、失败、撒谎、怀疑、悲观、消极、限制、依赖、后退……高明、重要和更有价值。

那么，该怎样养育我们的孩子呢？

你只需要看见和理解。

你只需要和孩子的心在一起，时时看见和理解孩子的欲望和策略。

理解的重点，就是时空前提性。

你若做到了这一点，生命自会圆满地成长。

23. 丰富的强大

宇宙和世界的运作有两大驱动：一个是圆满驱动，一个是均衡驱动。

圆满就是一切都要具备。

生命有无数欲望，更有无数策略，我们把欲望和策略用"本能"这个词替代一下。

那么，生命至少有一万种本能（抽象比喻，仅为了说理方便）。

为什么要这么多呢？需要吗？可不可以拿掉一些？

人类是从无数惨烈的生存竞争中走出来的，直至成为文明的统治者。

人类作为一个整体，可以适应蛮荒时代，适应大洪水时代，也可以适应农业时代、互联网时代，未来也必将适应人工智能时代，适应大同社会。

人类适应极寒，适应酷热，适应海洋，适应沙漠，适应各种气候条件。

人类适应子孙满堂，也适应孤苦伶仃；

人类适应基督教文明，也适应其他宗教文明；

人类适应刀耕火种，也适应无线支付；

人类适应腰缠万贯，也适应贫困潦倒；

人类适应青春健康，也适应衰老病死；

人类适应成为强者，也适应成为弱者。

……

人类的适应能力不是一般的强悍。

为什么呢？

因为，人类的生命宝藏中什么本能都有。

人类靠什么获胜？就靠这个丰富性。

说实在话，因为生产力的限制，人类的诸多丰富的本能，还远远没有被开发出来。

现在的文明水准，也仅是发展出人类1%的本能而已。

我们要发展更加强大的文明，靠什么呢？

靠把我们更多的本能，全部允许，全部展现，全部发展出来。

个体的生命越繁盛，整体的文明生态系统越强大。

反过来也是如此，文明越强大，就越允许个体的自由和发展。

这两者是互相促进的。

如果不清楚这一点，那么我们可以反问自己一个问题：

这个时代的个体的生存的空间、资源、多样性，跟100年前的个体相比，大了多少倍？

我们可以得出一个结论：

越是丰富的文明，越是强大的文明。

同理，越是丰富的个人，越是强大的个人。

如果不够丰富，那么即使强大，也很容易土崩瓦解。

这样的案例大到文明，小到个体，很多很多。

世界上有两种强大：一种是丰富的强大，另一种是贫瘠的强大。

丰富的强大才是真正的强大，因为这是生态的强大。

而贫瘠的强大，是脆弱的强大，因为这是扭曲生态、透支生态的结果。

更加简单的逻辑是丰富者，必强大。

作为一个生态体系，无论是个体还是国家，抑或是全人类，最为重要的是丰富性。

从这个角度来看中华文明，为什么5000年了，它还是这个星球的主角？

原因非常简单：它是世界上最丰富的文明。

天上地下，独此一家。

最终，我们得出结论：

丰富，必强大。

丰富，才是走向强大唯一的健康和谐之路。

而丰富是世界本有的驱动模式，即圆满驱动。

圆满就是丰富，是极大的无边无际的丰富。

而生命的本能，就是自动呈现和发展它的丰富性。

24. 尊重所有

　　宇宙和世界的运作有两大驱动：一个是圆满驱动，一个是均衡驱动。

　　所有的本能都是两两对立的。

　　阴PK阳，自信PK自卑，能干PK无能，聪明PK愚笨……

　　均衡驱动就是，一切都要均衡化。

　　凡缺失，必补之；

　　凡过度，必不足。

　　对于生命而言，你在某方面强悍，必定在某方面柔弱；

　　你在某方面聪明，必在某方面愚笨；

　　你在某方面自信，必在某方面自卑。

　　反过来也是这样的。

　　所以，你要重点培养某方面的能力，也许就会削弱你另一方面的能力。而另一方面能力的降低，也许会使你本来要重点培养的能力下降。因为牵一发而动全身。

生命是一个整体，缺一不可。缺少任何一部分，就不能称其为整体。

你若拿掉所谓的"不好的本能"，最终你只会拿掉生命整体的鲜活的色彩。

你拿掉的，你牺牲的，是整个系统的丰富和均衡。

你要阉割你自己，你就只配得到这样的结果。

所谓的"强化培养"这种东西，一定要小心。

生命作为一个工具，被要求强化训练，甚至是被要求接受高压训练、地狱般的训练。

但生命作为一个整体，作为一个生态系统，最重要的是均衡化，是丰富化。

掌握无分别的爱的关键，是一定要从生态化的角度看待生命，理解生命。

无分别的爱，是尊重、理解、允许、信任、发展生命的所有的本能。

无分别的爱，是对生命所有的本能一视同仁。

对于每个个体而言，他人所具备的一切（本能），你无不具备。所以，你不必骄傲，也不必自卑。

但是，你所具备的天赋（属于自己特有的本能的组合模式），别人并不具备。

你，就是你自己。

如此而已。

与其花时间和精力去培训孩子，强化孩子，改变孩子，不如花时间和精力了解孩子。

　　去真正看见和理解，生命的丰富的一万种本能。

　　去真正看见和理解，属于你的孩子的天赋的本能的组合。

25. 和心在一起

无分别的爱，是对生命的一切欲望都予以满足吗？

自然不是。

因为很多时候，欲望需要平衡。平衡孩子自己的众多欲望，平衡孩子和养育者之间的欲望，平衡孩子和他人之间的欲望，平衡孩子和社会之间的欲望……

很多时候，欲望并没有满足的条件，只能放一放。

很多时候，欲望的内容是限制和拒绝，你拒绝了它，反而是满足了这份欲望。

但很多时候，欲望需要被及时满足，而且要高质量地满足。

这就要具体情况具体分析了。

无分别的爱，是给孩子彻底自由的爱吗？

其实，孩子并不需要彻底的自由。

除了自由，孩子也需要责任，需要约束，需要规则。

这些都是生命本有的冲动，是圆满生命的一部分，是缺一不可的。

你不要以为，责任、约束和规则是生命天然反对的，所以必须强迫才能习得。

错了。生命圆满的本能中，是包含责任、约束和规则的。

说到这里，你如果以为自由不重要，那就又错了。

无分别的爱，是提倡给孩子充分的自由的。

无分别的爱，是不是不能给予孩子批评和指责？

批评和指责也是人类的策略之一，任何策略都是有价值和意义的。

只要运用得当，批评和指责也是让生命变得圆满的手段。

那么，无分别的爱，提倡批评和指责吗？

无分别的爱，不提倡批评和指责。

到底什么是无分别的爱？到底做什么才是对的呢？

从行为角度而言，无分别的爱是允许孩子的任何行为，也允许教育者的任何行为。

只要遵守基本戒律即可。

基本戒律：不造成对自己、对他人、对外界有严重的不可逆的伤害的行为，都是可以的。

从行为层面来理解无分别的爱，你会无所适从。

因为，除了要严守基本戒律外，一切皆可，一切又皆不可。

无分别的爱的关键，不在于行为表层，而在于你的行为的深层。

是在那个当下，你是否真正看见和理解了孩子的本能？

是在那个当下，你是否真正看见和理解了孩子的欲望和策略？

是在那个当下，你是否真正看见、表达、理解、允许、相信、帮助、平衡、发展孩子各种各样的欲望和策略？

是在这个当下，你是否真正看见和理解了孩子的心？

无分别的爱，是心的学问。

心是灵动无妨的，哪怕只过了0.01秒，也会起很大变化，所以无分别的爱如果从行为层面去理解，那么永远无解。

无分别的爱，是最灵动的爱，是无行为层面标准的爱。

但是它其实又是有极其严格的标准的，**这个标准就是，时时刻刻和孩子的心在一起，看见和理解生命的每一个欲望和策略。**

简而言之，无分别的爱就是"和心在一起"。

我们也可以重新定义溺爱。

只关注行为表层而不去看见和理解孩子的心，就是溺爱。

只关注孩子的外在竞争，不去欣赏生命本身的美丽，就是溺爱。

只关注知识、技能、成绩、习惯，不去从整体和生态角度理解生命，就是溺爱。

凡是不和孩子的心，不和自己的心在一起的爱，都是溺爱。

凡是对孩子的心，对自己的心一无所知的爱，都是溺爱。

溺爱，是无明之爱。

无知即"无明"。

26. 美德和丑恶

世间一切法，都是相对法。

一面阴，一面阳，相对而生。

没有阴就没有阳，没有阳就没有阴。

这就是分别。

正如下图所示。

世间一切都被分别为阴阳。

美德，是阳；丑恶，是阴。

美德是相对丑恶而言的，你坚持了美德，就是在攻击丑恶。

如果"美德"是美好的，那么"攻击"这个行为还必定是美好的吗？

丑恶是相对美德而言的，你坚持了丑恶，就是在攻击美德。

我们发现，坚持美德和坚持丑恶有一个共同的行为：攻击。

攻击是美德还是丑恶呢？

人世间只要有分别，就必定有攻击。

越相信自己是对的，攻击就越厉害。攻击自己，也攻击他人。

越坚持自己是对的，伤害就越厉害。伤害自己，也伤害他人。

每一个相信自己、坚持自己的人，都认为自己是高尚的、美好的，是在坚持美德。

但问题是，越这样坚持和坚信，纷争就越大。

只要有分别，只要有坚持，就有攻击。

所以，不要迷信道德，不要迷信高尚。

当然，也不是鼓励大家追求丑恶。自以为高尚、自以为美德都不可以，追求丑恶更是不行。

既然我们认识到，最美好的事物中都自带攻击性。

那么，我们可不可以不要那么执着所谓的"美好"呢？

我们可以有分别，但这个分别心可不可以不要那么执着，那么坚固呢？

你越执着，越坚固，攻击就越大。这个攻击会给自己和他人带来伤害（主要是给自己）。

自我攻击的结果，就是生命枯萎凋谢。

这一切来源于：

你坚定地认为自己站在了道德的高地，站在了正确的高地；你坚定地认为自己必须捍卫这样的高地。

千万要小心，你以为自己是在坚持，是在捍卫，其实你只是在不停地攻击。

如此而已。

那么，有没有没有攻击性的美德呢？

没有。

只要是相对法，都自带攻击。

那怎么办？

只有一个办法可以解决：你可以坚持，你也可以捍卫，但是千万要小心，别太执着，别太过了，否则……

这就需要时时反省自己，时时提醒自己。

无分别的爱，一方面，是道体层面的彻底的无分别。表现为对一切欲望、策略都是积极评价，都是好的、合理的。既然一切都是好的，那么一切都是不好也不坏的，都是中性的。

无分别的爱，另一方面，是应用层面的极致的分别。表现为要看见每个当下的各方的欲望和策略，分析具体时空下的欲望策略的合理性。要特别小心谨慎，提醒自己不要执着，再决定是否要做点儿什么，以及怎么做。

27. 人本圆满

作为一个教育学者，很多时候必须回答一个问题：

性本善，还是性本恶？

善恶是一对阴阳，从分别的角度、相对的角度而言，我们认为：

知无分别，人性向善；无知分别，人性向恶；

无知无别，混混沌沌；知而分别，实为无知。

知是指看见和理解内心的欲望和策略。

无分别是指全然接纳，分别是指不接纳。

知无分别，人性向善。

当一个人能真正深入地看见和理解自己时，他的心和行自然会向善。

当觉知真正降临（足够透彻）的时候，生命自然向善。

无知分别，人性向恶。

当一个人对自己充满了无知，他的心和行是很容易向恶的。

当我们缺乏觉知，无明的索爱和攻击非常容易升起。

此时必须有戒律守护。所以，国家的法律法规、道德守则，都有极其重要的作用。

因为大多数人大多数时候，都处于无知无明的状态，没有法律、道德、基本社会价值观的守护，人类社会将满目疮痍。

无知无别，混混沌沌。

混混沌沌，从善的一面讲，是复归婴儿的状态。婴儿无知，也不起分别心，接纳自身一切。从恶的一面讲，就是未开化，浑浑噩噩，乃至行尸走肉。

知而分别，实为无知。

看见和理解了事物的真相，还是要起分别心，这是因为看见和理解得不够透彻，此时须继续努力，深入觉知。

一切相对法都是有时空前提性的，而觉知往往是最重要的前提。

当觉知到最深处时，我们会进入婴儿的潜意识，从而得以窥见人类的第一执着。

人类的第一执着，人性的第一执念，是圆满依附执着。

这个第一执着，第一执念，是善还是恶，实在难说。

到了至善境界，反而无法分别善恶，无法言语善恶。

只能说，人性就是这样，人性就是如此，如是如是。

善哉善哉，本来如此，原来如此，一切如此，如是如是。

无分别的爱养育什么样的孩子呢？

本来如此，原来如此，一切如此，如是如是。

无分别的爱不养育好孩子，当然，更不养育坏孩子。

那么，无分别的爱养育出来的是什么样的孩子呢？

本来如此，原来如此，一切如此，如是如是。

人本圆满，知无分别。

知无分别，人本圆满。

这八个字，是无分别的爱的核心之核心。

它既是无分别的爱的理念的核心，也是无分别的爱的方法的核心。

第四章

生命的依附

28. 生命的靠山

每一个生命都必须有来由。

这是什么意思？

谁没有来由？谁不是父母精子和卵子的结合？

谁也不是从石头缝里蹦出来的孙悟空。

但是，这只是物质的来由。

更为关键的来由是，**一个小生命，必须在精神上和养育者之间建立极深的依附关系，极深的情感链接。**

若是这个链接不够完整，这个依附不够深厚，那么这个小生命会终其一生，惶恐不安，惊慌失措，哪怕表面看起来他已经十分强大和成功。

这是为什么？

有吃的，有喝的，有穿的，不就可以了？

有吃的，有喝的，有穿的，不一定有真正的精神的关爱。

相反，有真正的精神的关爱，就一定有吃的，有喝的，有穿的。

就是这么简单。

别看简单，顺序一颠倒，效果天差地别。

生命要是选择"有奶就是娘"，那么它最多进化成"蟑螂"。

所以，人性的精明让生命坚定地选择精神层面、灵魂层面的深刻的依附。

结论就是，依附需要是生命生存的第一需要，第一关键，第一重点。

前文中讲过，生命的根本欲望只有一个：生存并发展。

怎样才能生存？

得先找靠山，牢固的靠山，精神和灵魂的靠山，要和靠山之间建立深厚的依附。

怎样才能发展？

道理依然类似。

得先找靠山，牢固的靠山，精神和灵魂的靠山，得和靠山之间建立深厚的依附。

这就是人性，这是人性的智慧之处，也是人性的无奈之处。

若我们从小婴儿的角度看待世界、理解世界，那么这是生命唯一的最佳选择。

所以，**人性的第一需要便是依附需要。**

这是人类千万亿年生存、积淀下来的最高深的智慧。

29. 生命的献祭

依附关系，是生命最重要的关系，是生命第一重要的关系。

依附关系，这个概念是家庭教育中最重要的概念。它的重要性到底有多大，这样说吧，懂了依附，就明白了生命教育和生命成长的精髓。

无分别的爱的核心，就是研究依附关系。

甚至可以说，无分别的爱，就是研究依附关系的学问。

什么是依附关系？

你怎么看世界，我就怎么看世界。

你怎么看待我，我就怎么看待我自己。

你给我的是什么，我就认为这个世界是什么。

你怎么看我和你的关系，我就怎么看我和世界的关系。

你身上是什么味道，我就认为这个世界是什么味道。

你的恨就是我的恨，你的悲伤就是我的悲伤，你的迷茫就是我的迷茫……

你的高兴就是我的高兴，你的向往就是我的向往，你的方向就是我的方向……

你所认同的，我皆认同；你所反对的，我皆反对；你所欢呼的，我皆欢呼……

我承接你所有的爱恨情仇，承接你所有的情感情绪，承接你所有的人生观、世界观、价值观。

可以说，**依附关系就是小生命完完全全把自己交给妈妈，以妈妈的眼为自己的眼，以妈妈的心为自己的心，以妈妈的呼吸为自己的呼吸。**

小婴儿完完全全地把自己，献给了妈妈。

这就是依附关系。

这是生命最深的索爱，是生命索爱的极致。

但是对小婴儿而言，这样的极致的索爱，不也是生命的极致的自爱吗？

这个过程是在生命的潜意识中自动完成的，完全不需要明意识的参与。

无论你知道还是不知道，它就在那里，在命运之轮的最深处，势不可当地运作着。

这是悲剧，还是喜剧？

这是聪明，还是愚钝？

这是奉献，还是吸收？

这是人性，如是如是。

30. 爱的称重器

依附关系有两个重点：一个是模式的复制，复制妈妈的灵魂，这是理性层面的；另一个是情感的链接，要和妈妈建立起全然的链接，这是非理性层面的。

情感链接的质量，和时间有绝对的关系。

有关时间的第一个点，是敏感性。

依附关系，在受精卵诞生的那一刻就开始了。

如果把这一刻称为依附原点，那么离这个原点越近，生命就越敏感。即生命越幼小，越敏感，越容易受伤，越容易受重伤。

以下行为会极大地破坏依附关系，乃至成为孩子内心深处的创伤，应尽量杜绝。

（1）在胎儿期，包括但不限于：

对性别的嫌弃；

商量要不要这个孩子；

父母大吵大闹；

父母闹离婚；

表达对孩子的厌恶、憎恨等情绪……

（2）在婴儿期、童年期、青少年期，包括但不限于：

将孩子送人。

这个时代很少了，但是几十年前，这种行为很常见。

说孩子不是亲生的，而是捡来的。

这个时代，这种现象竟然还很多。

将孩子送到老家抚养。

这个时代，这种现象竟然还很多。

将孩子交给老人抚养。

请老人帮忙自然可以，但几乎完全交给老人，甚至将孩子送到老家，就是对孩子至深的伤害了。

经常出差。

孩子10岁之前，这种事情是很伤孩子的，孩子越小，伤害越大。

将孩子送到亲戚朋友家短期居住。

孩子10岁之前，这种事情是很伤害孩子的，孩子越小，伤害越大。

幼儿园、小学、中学住宿。

幼儿园、小学、初中阶段，坚决不要住宿；高中阶段，也尽量不要住宿。

话又说回来，如果条件真的特别匮乏、有限，上面这一切就另当别论了。我遇到过一位妈妈，生下来就被送人了，内心创伤极深。接触了无分别的爱之后，她渐渐意识到，原来被送走，离开那样的原生家庭，是她人生中最大的幸运。只是，你真的要以这种方式成为你孩子生命中的贵人吗？

生病住院。

同样也是对越小的孩子，伤害越大。

有病必须治疗。若你的孩子发生过这样的事情，内心创伤注定是极重的，你要比其他妈妈更辛苦，要付出更多的爱和耐心。

有关时间的第二个点是数量，是指给予孩子的陪伴的时间。

这个标准是多少呢？在我看来，孩子6周岁之前，最好全天候陪伴。

全天候陪伴，不是指妈妈非得每时每刻黏着孩子，而是指每一个孩子需要妈妈出现的时刻，妈妈基本都能在场，并能提供需要的陪伴。

显然，目前人类的文明水准，距离大规模高质量地实现全天候陪伴还远得很。慢慢来，相信人类中已经觉醒的少部分人，可以达到这个标准。

总结，依附关系的质量核心取决于反面＋正面。

反面：坚决不能分离。

正面：足够的高质量的陪伴。

人类的情感有两个称重器：一个是时间，一个是金钱。

这个时代，最昂贵的是时间。

时间是爱的最好的称重器。

31. 100分定律

如果依附关系建立得不好，或者没有建立起来，那么会怎么样？后果会如何呢？

这个问题提得其实不是特别对。

上一节的内容中还提过这么一句话：以下行为会极大破坏依附关系……

这样说，其实也不大对。

为什么？

这就涉及对依附关系的深入理解了。

依附关系是一定要建立的，没有建立不建立这一说法，也没有建立得好与不好这一说法。

与其那样说，不如这样说：依附关系的具体内容是什么。

这是什么意思呢？打个比方说明。

假设，孩子和父母的依附关系都是一个100分大小的管道。无论是哪一对母子，他们的依附和链接都是100分。哪怕孩子生下来就被送人了，哪怕孩子是在无分别的爱的养育中长大的，孩子和父母的依附关系都是100分，没有差别。

这就是依附关系最大的特点。

一定要建立依附！必须要建立依附！

为什么说依附是生命的第一天性，道理就在这里。

它是生命潜意识中最深的选择，完全不是理性可以控制和左右的。

如果依附关系都是100分，没有差别，那么为什么还要无分别养育孩子呢？

生下来就被送走的孩子，和被无分别养大的孩子，他们依附关系的区别只在于，这100分是由什么构成的。

理解这一点至关重要。

100分定律，是依附关系中最重要的定律。

当然，100分只是一个比方，是为了帮助大家更好地理解依附关系，不是真有一个100分的管道。

依附关系的100分定律：每个人的依附关系一定是100分，只是内容不同。

这揭示了什么呢？

依附关系是一种复制，我们复制了妈妈的（潜意识的）灵魂，这只是开始而已。

然后，我们就会拿这个复制品，去继续复制和其他人的关系。

我们和妈妈的依附是怎样的构成，我们和别人的依附就是怎样的构成的。

　　我们和妈妈的链接是怎样的构成，我们和别人的链接，就是怎样的构成。

32. 邪恶与毁灭

生下来就被送走的孩子，他们和妈妈的依附关系也是100分，但是这100分的构成是什么呢？

这100分里面，90分是毁灭。

孩子会以"毁灭"的方式，和这个世界链接。

生下来没有享受充分陪伴的孩子，他们和妈妈的依附关系也是100分，但是这100分的构成是什么呢？

这100分里面，90分是冷漠。

孩子会以"冷漠"的方式，和这个世界链接。

生下来被暴力对待的孩子，他们和妈妈的依附关系也是100分，但是这个100分的构成是什么呢？

这100分里面，90分是暴力。

他就会以"暴力"的方式，和这个世界链接。

……

你给了孩子多少毁灭、冷漠、暴力、否定、指责、嫌弃、挑剔、抛弃、邪恶……孩子就会给这个世界多少毁灭、冷漠、暴力、否定、指责、嫌弃、挑剔、抛弃、邪恶……

这就是依附关系。

这是生命的恶本能的缘起。

这些恶都是人生的雷，有的小，有的大，有的深不可测……

这些恶也是社会的雷，有的小，有的大，有的深不可测……

阅读到此，希望大家能真正意识到，妈妈有多重要，家庭教育有多重要。

家庭教育是世间第一重要之学问。

人类文明越高级，家庭教育越重要。

当家庭教育指导师成为最受人尊敬的职业时，人类文明才算进入大同境界。

显然，距离这个境界，路还很漫长。

我曾经看到一位极其著名的企业家，说工作和家庭无法平衡。

说无法平衡，不如说有些东西不那么重要。因为不重要，所以不能平衡。

什么不重要？陪伴孩子还是不那么重要的。

这是谁的思想？这是谁的声音？这是谁的价值观、人生观？

这是妈妈的思想，妈妈的声音，妈妈的价值观、人生观。

这位妈妈因为种种原因，在孩子小时候给予孩子的陪伴时间肯定是不够的，孩子就习得了"陪伴孩子不重要，小孩子不重要"的观念。

成年后，哪怕这个孩子是名满天下的企业家了，也逃不过依附关系的雷。他依然以妈妈的方式，来链接自己的家庭。所以，结论必然是无法平衡。

反过来，如果他是被无分别养育长大的，他就绝对不会说这样的话，不会有这样的观念。

这就是依附关系。

这就是家庭教育。

前一段时间，P2P暴雷和股灾，使无数人倾家荡产。

根据依附理论，其实，"倾家荡产"，是生命潜意识里的选择，他们就是要毁灭自己。

当我们分析成年人世界里的各种投机现象时，总是说，这是人性的贪婪，其实不是。

这种一眼就能看穿的蠢事，人绝不是因为贪婪而陷进去的，更大程度上，是人的潜意识要主动毁灭自己，让自己彻底失败，让自己彻底痛苦。

因为，毁灭、痛苦、被抛弃、被拒绝、失败，才是生命真正的依附关系。

他们唯有待在这样的处境中，才是和妈妈在一起。

他们的心虽然痛苦，但更深层的感受是，踏实而温暖。

你是不是毛骨悚然了？

你的人生的小雷、大雷，引爆了几个？估计小雷已经引爆很多个了，你只是意识不到而已。

有的人说，我还好，还不是这样的。那要恭喜你，环境未到，时机未到，运气还好。但是，雷还在那里，大大小小，密密麻麻。要是环境时机到了，运气用完了呢？

家庭教育搞不好，人生一路都是雷……

人生诸多的倒霉和不幸的事件，很大程度上，是生命潜意识自动选择的结果。

这些倒霉和不幸，在婴幼儿阶段的家庭教育中，就已经根深蒂固，枝繁叶茂了。

既然已经枝繁叶茂，时间到了，收获些果实不是很正常的吗？

这是妈妈送给我们的礼物，只要是妈妈送给我们的，我们务必照单全收。

这就是人性。这就是家庭教育。

人生有时候是很绝望的，是不是？

人真正绝望了，就真正有希望了。

33. 无双绝配

依附关系中，母子一体。

母亲本能地想让自己的孩子远离痛苦和错误。

怎么让自己的孩子远离痛苦和错误？只能通过各种控制，包括但不限于奖励、责备、督促、引导、鞭策、指责、说教、唠叨、打骂……

同时，妈妈也尽可能地给予孩子各种陪伴，给予各种资源、各种支持、各种牺牲，包括但不限于自己的身体、时间、精力、金钱，乃至人生幸福。

看起来是个特别好、特别尽责的妈妈。但是，无论妈妈怎么努力，怎么牺牲，这个孩子好像怎么也救不过来，怎么也没有改变，乃至变得越来越糟糕。这样的妈妈，就叫"拯救者妈妈"。

"拯救者妈妈"有一个特点：把自己打扮得特别"伟、光、正"，把孩子打扮得特别"懒、坏、差"。

这是生命很重的一个情结，曰"拯救者情结"。

对于这个孩子来说，他经常被妈妈否定，然后接受妈妈的评价，把

"自己就是很差"作为和妈妈的链接和依附。所以，他只能很差。

但是生命除了索爱，还有自爱。

当一个生命被攻击为"很差"的时候，他会本能地"报复"这个攻击他的人。

怎么报复呢？

一开始他也会努力，希望摘掉这个帽子，但是妈妈认为他是不行的，他发现努力变好没有用，妈妈还是认为他很差。

然后他迅速发现，当他没有变好甚至变得更差时，妈妈会暴跳如雷，妈妈会痛不欲生。人性的聪明让他马上明白了，什么才是最有效的报复手段：

让自己差，让自己更差；让自己痛苦，让自己更痛苦；让自己糟糕，让自己更糟糕。

这样做不仅可以报复妈妈，还可以在潜意识层面，与妈妈对他"这是个差孩子"的评价和信念，建立起深厚的依附和链接。

自爱、索爱，同时满足，简直绝了。

这样的现象，曰"报复式依附"。

"拯救者情结"PK"报复式依附"，真是王八对绿豆，无双绝配。

人生种种"虐恋"（各种纠缠、各种恩怨，但就是断不了），包括但不限于亲子关系、夫妻关系、朋友关系、同事关系……几乎百分百，都是上面这种王八对绿豆的游戏。

世上悲惨的事情莫过于，拥有"拯救者情结"的妈妈，遇见拥有"报复式依附"的孩子。

但这还不是最悲惨的。

更悲惨的莫过于，"拥有拯救者情结"的孩子，遇见拥有"报复式依附"的妈妈。

人生悲惨的是，你只要"拯救"，就必会遇见"报复"。

依附关系这门学问中，几乎隐藏着人性所有的深邃的奥秘。

无分别的爱，根本上是关于人性的学问。不深入人性，不深入地看见和理解人性，是绝对不可能掌握无分别的爱的。

所以，无分别的爱又被称为"人学"。

34. 阶层依附

底层阶层的，有底层阶层的思想观、价值观、方法观。通过依附关系，代代相传。所以，阶层跨越极难。

中产阶层的，有中产阶层的思想观、价值观、方法观。通过依附关系，代代相传。所以，阶层跨越极难。

这两个阶层的思想观、价值观、方法观，就是社会主流的思想观、价值观、方法观，主要特点就是稳定。

按照这个主流的东西走，能确保待在本阶层。

"待在本阶层"，真的有好处吗？

是的，有巨大的好处，人性真是这么认为的。

人都会本能地认同自己的思想观、价值观、方法观，也会本能地认同自己的人生。

哪怕是在底层，都会为自己骄傲。

精英阶层的，有精英阶层的思想观、价值观、方法观。

通过依附关系，代代相传。

豪富阶层的，有豪富阶层的思想观、价值观、方法观。

通过依附关系，代代相传。

精英阶层和豪富阶层的问题在于，他们与底层阶层和中产阶层一样，过分信任自己过去的成功路径。但成为人上人的成功路径，是严重不稳定的。

成为中下层的成功路径，是相对稳定的。成为"人上人"的成功路径，是严重不稳定的。这一点极其重要。

对于所谓的"成功"阶层，公平的是，过去的成功路径，未来大概率是失败路径。

甚至，你其实并不知道你为什么成功，但要命的是你以为你知道，你还不遗余力地向你的子女推行所谓的成功教育。

或许你总结的路径是对的，但是你没有意识到：人变了，时代变了。

所谓的成功经验，又叫"路径依赖"。长时间来看，这是个很负面的词汇。

不是没有任何意义，而是基本都是负面意义。

所以，"富不过三代"。

我们发现，不管是底层还是顶层，有一个东西是一致的，那就是家庭教育。

无论是底层还是顶层，都是以自己的非常个人化的经验，作为普世真理，强调和灌输给孩子，都严重的自以为是。

每一个阶层都没有把孩子当作一个生态来打造，来养育。

他们的孩子，原来有10000种本能，被养育得只剩4种了。

固化的固化，流失的流失。

这就是人生，这就是社会，如是如是，如是如是。

这就是家庭教育的"伟力"。

35. 爱的真谛

我们从依附关系中可以看到，孩子对妈妈深沉的爱。

孩子全盘接纳妈妈所有的所有，这是对妈妈最好的肯定，最好的疗愈。这是老天送给妈妈最好的礼物。

小婴儿给予妈妈的爱，是世上最纯真、最全然的爱。所以，劝大家多生孩子。有能力的话，尽量多生几个。尤其是，当你学会了无分别地养育孩子后。

用无分别的爱来养育孩子，是世间最幸福、最有价值、最有意义的事。

妈妈也是人，妈妈会给予我们抱怨、生气、指责、冷漠……

但是，妈妈更会给予我们温暖、宁静、芳香、微笑、美妙、幸福、安宁、感动……

一切美好的记忆都跟"妈妈"有关。

其实，我们除了跟妈妈依附，在所有人际关系中，我们都在寻求依附。

同学、朋友、同事、恋人……

我们处处都在寻求，妈妈的感觉。

这是人性最深的执着。

就像我，随着年华渐老，脑海中总是动不动会浮现老家的图景：房子、菜地、大海、竹林、烟雨……

为什么？因为妈妈在那里。

妈妈在，故乡就在。妈妈不在了，故乡也就不在了。

但是，就算妈妈不在了，我们还在，我们身上还流淌着妈妈的血脉、妈妈的思想、妈妈的灵魂。

有一天，就算我们也不在了，我们的孩子依然延续着我们的血脉，我们的思想、我们的灵魂。

好好爱妈妈，就是爱自己，爱孩子。

好好爱自己，就是爱妈妈，爱孩子。

好好爱孩子，就是爱妈妈，爱自己。

怎样才是爱？

爱的真谛是什么？

爱一个人，就是接纳他的全部。

依附关系，最终就是告诉我们这个真理。

小婴儿给予妈妈的爱，就是这样的爱。

这是小婴儿无上的生存智慧。

这是人类千百亿年积累下来的无上的生存智慧。

所以，老子曰："复归于婴儿。"

如果妈妈真的给了你很多毁灭、冷漠、暴力、否定、指责、嫌弃、挑剔、抛弃、邪恶……

那么，你也要全然接纳这些毁灭、冷漠、暴力、否定、指责、嫌弃、挑剔、抛弃、邪恶……要统统接纳哦。

不要耿耿于怀，不要攻击指责。不要与这样的依附关系，有一丝一毫的对抗。放过了妈妈，就是放过了自己，放过了孩子。

当你真心诚意愿意全然接纳时，你会沉沦到生命最纯粹的痛苦中。在生命最纯粹的痛苦中，你会瞬间顿悟生命的爱的真谛。

36. 味道的传承

依附理论告诉我们，家庭教育是味道的传承。

妈妈的味道传给孩子，一代一代传承。

所以，家庭教育真正的关键是，做好妈妈，而不是养好孩子。

我们要养育一个丰富的生态化的新生命，只有一个办法：

把自己变成一个丰富的生态化的新生命。

教育的核心，不是让孩子感觉他很好，而是让孩子感觉，妈妈很好。鼓励、夸奖、支持等，只是教育的表层。

妈妈很好，孩子就很好。妈妈不好，孩子绝对好不了。

进一步讲，让孩子感觉妈妈很好，不如妈妈感觉自己很好。

妈妈感觉自己很好，认为自己很好，是家庭教育的核心。

但现在，我们绝大部分家庭教育的路径是，让孩子感觉自己不好。这个让孩子感觉自己不好的妈妈，同样也不会让孩子感觉好。并且感觉自己的孩子不好的妈妈，也不会感觉自己好。

这个"不好"，就会一代一代传下去了。

须知，人格低评价，是万恶之源。

因为，人类的冲突从来不会因为对方认为你"很好"而开启，都是源于对方认为你"不好"而肇始的。

你敢说我"不好"，我跟你拼了！人际冲突从来都是这样开启的。

家庭内部的冲突同样如此。

当人与人之间充满冲突的时候，还谈什么美德的养成？

回到一个人的世界，若一个人自我内心充满低评价，则这个人必然是一个自我攻击严重的人。

自我攻击严重，是精神疾病的标配。

一个人连自己都不爱，连自己都攻击，对别人更是不会客气的。

所以，人格低评价，是万恶之源。

反过来，人格高评价，是百善之始。

当家庭成员真诚地互相高评价对方时，家庭成员内部的关系就会非常和谐、融洽。

当家庭内部人际非常和谐、融洽，处处都是爱的流动时，生命美好的情感和美德自然就开始茂盛生长了。

熄灭家庭纷争最有效的语言从来都是"你是对的""你没有错""你真的很好"。

人格高评价后，所有纷争立马太平无事。

这是人性。

人性是厌恶低评价，喜爱高评价的。

你如此，我如此，他也如此。

任何时候，不要跟人性对抗。所以，我们要在家庭内部，传承"我很好"的味道。先从妈妈开始，妈妈要真的感觉自己很好，妈妈要真的认为自己很好。

达到什么标准，才算真的感觉自己很好，认为自己很好呢？

就是被别人各种低评价的时候，丝毫不为所动。外界风起云涌，妈妈的心，如如不动。这是极高的境界。

只有这条路，只有这样行走，才是对的。

第五章

生态的跃迁

37. 生态化成长

养育生态化孩子的关键，是妈妈生态化，是妈妈成为具备丰富生态的新生命。

具体怎么办？

有两种思路。

一种是机械式的思路。

妈妈的现有生态是沙漠，很荒芜，那么，先种点儿树，挖口井，把绿色一点一点引进来。

绿色越来越多，水系越来越多，生态就转过来了。

这种思路看上去特别对，也是主流的成长和改变的思路。但是这个思路有一个严重的问题：认为现在的生态是不对的，现在的生态里的动植物环境是不对的，都是需要改造的。

这个思路是建立在与现有生命系统敌对的基础上的，是建立在对现有的潜意识体系的不信任的道路上的。

世间永恒的真理是，你不信任他，他也不信任你；你怀疑他，他也怀疑你；你要消灭他，他先要消灭你。

你想，你种的几棵可怜的树，又如何跟原有的整个生态系统对抗呢？

生命原有的生态体系，会很快杀死你费尽心力种下的树。

也有的人，力量比较大，强行种活了几棵树，这几棵树活的时间比较久一点，这些人便沾沾自喜起来。

你与力量弱的人比起来，唯一的区别就是，你种的树晚死了几天而已。早晚也是一个"死"。

所以，这个机械式思路基本只有一个结果：失败。

这个思路的好处是，可以显示自己的上进，让自己看上去很美。

至于真实的身心成长和改进，往往为零，甚至还会倒退，还不如以前。

另一种思路，就是生态化的思路。

妈妈的现有生态是沙漠，很荒芜，这没有错。

妈妈现有的沙漠化的生态，只有4种植物，4种地貌。假设生命的本能有10000种，这里只有4种，确实过于贫瘠。

是的，确实如此。

但是，这只是表面现象。更为真实的是，生命的其他9996种本能，从来没有消失过。这些本能的种子，全部在沙漠化生命的生态体系中存在，只是在等待你的召唤，等待苏醒、发芽、生长、茂盛而已。

那么，怎样召唤这9996种的本能并让其苏醒呢？

你也不必召唤，时机合适，它们自然会苏醒、生长。

与其费劲地召唤它们苏醒、成长，不如真正地理解它们为什么蛰伏，为什么冬眠。

为什么呢？

因为有些本能过于执着，过于强大，严重挤占了其他本能的生存空间。

执着就是强大，所以，让那些本能不要那么执着就可以了。

这些本能不执着了，其他本能的生长空间和生长资源自然就有了，自然就茂密地生长出来了。

机械化的思路，就是强调种植生命没有的或者缺失的东西。

比如，不够自信，就想各种办法种植自信。

生态化的思路，就是强调生命本具备一切，只是流通受阻而已。

从生态化的角度看，一个人不够自信怎么办？

一个人不够自信，是自卑太强和太过于执着，导致自信被堵塞。

把自卑这个执着节点疏通了，自信自然就来了。

一个人要真正改变自己，让自己成长，把自己的生命状态彻底转过来，唯有生态化的路可行。

38.　认识自己

要疏通执着，就得先看到执着。

心灵和外物不同，外物一目了然，心灵迷雾笼罩。

生命的每一个本能，每一个欲望和策略，本就都是一个执着。

只是有的执着比较健康，有的执着太过分。

要知道你过于执着的欲望，过于执着的策略到底是什么，就必须和自己的心灵深度沟通。

沟通过程怎么进行？就是和自己的心对话。

和心对话的过程，在无分别的爱的话语体系中，曰"观心"。

下面这段对话，就是我帮助一位妈妈观心（寻找欲望和策略）的过程。

女士：林老师，我特别想买房子，为什么？

林：你有房子吗？

女士：有啊。单位分了一套，婆婆给买了一套。

林：那为什么还要买？够住了啊。

女士：那不行，没有我自己（买）的。

林：为什么非得要自己（买）的？

女士：这样有面子啊。

林：你想要谁的面子？

女士：所有人。

林：对你而言，最重要的人就那么几个，你到底最想要谁的面子？

女士（想了一会儿）：我知道的，大概那么六七个人。

林：这中间有没有你的初恋男友？

女士（斩钉截铁）：没有！

林：你现在再想想……

女士（大惊）：啊！有啊！原来我非得买房子，很大程度是想在初恋男友面前证明，当年是他瞎了眼！

……

这样的对话就是在帮别人观心。

自然，我们跟自己的内心展开这样的对话，就是在自我观心。

观心法门又名"欲望策略分析法"。

这就是认识自己。

观心是认识自己的最佳法门，也可以说是唯一的法门。

你想让自己生命的生态系统重新翻转，观心是主修的法门。

显然，这要花费大量的时间和精力。

好东西，都是很贵的。

观心时一定要把思路、念头、想法写下来，或者用电脑打字记录下来，绝对不能凭空想象。

写字或者打字，一是帮助自己记忆；二是帮助自己梳理；三是这样做更容易唤醒自己的潜意识，让潜意识来帮助你。最后一点是关键。

与观心法门类似的，是中华传统的自我反省。但传统的自我反省，是在自我指责和自我批评，充满了对抗和否定。而观心则是对自己深刻的看见和理解。

观心是对自己的大慈悲，因为它只有无尽的好奇，却不存在丝毫的对抗。

39. 神圣情感

看见了欲望和策略后该怎么办？

相信你会有这样的疑问。

其实，当你真正看见了隐藏得很深的欲望和策略，当你真正抓住了深藏几十年却无时无刻不在左右你的欲望和策略时，你自然知道该怎么办了。

无须我告诉你。

生命成长这个东西，不是理论，完全是实修。

你自己深入观心，自然知道答案。

观心到什么程度才算足够深入了呢？

真正深入地观心，生命会瞬间产生神圣的情感。这种感觉或是"咯噔"，或是激动，或是哭泣，或是满心欢喜，或是心魂震动，或是醍醐灌顶，或是灵魂洗礼，或是恍然大悟……

反过来，若没有这样的感受，就说明观心还不够深入，就要继续。

假设一次成功的观心，会产生一次神圣情感的体验，那么，需要多少次深刻观心，需要多少次神圣情感体验，成长才能有所成就呢？

一般而言，至少上百次，成长才算基本入门。

就成长这件事而言，知识技能证书再多，都是没有价值的。

要重塑自己的生态体系，只靠看书、听课，不深入观心，连门都找不着。

因为成长是潜意识的转变，没有神圣情感的洗礼，潜意识是不可能转变的。

40. 念念清净

有一种简便的观心，叫作观念。

坐下或躺下来，做几个深呼吸，让自己的心慢慢静下来，然后去看自己的念头。

如果你的心足够清净，你会清晰地看见自己的每一个心念。

但关键不在这里。关键是你还要去看见，你的每一个念头的收尾处或紧邻处，都是对这个念头的批判。

比如，你现在很烦，这是个念头。接着就是，能不能不烦啊？又烦了，太糟糕了。

比如，你现在很开心，这是个念头。接着就是，开心干吗？这值得开心吗？是不是傻？

比如，你很平静，这是个念头。接着就是，这种反应对吗？这不是有问题吗？

……

观念法门可以随时练习，不像观心法门，需要大量的整块的时间来练习。

观念法门会帮助我们发现，原来我们对自己是如此不满意。

无穷无尽的自我审判，无穷无尽的自我怀疑，无穷无尽的自我纠结……

一个念头，可以看成是一个欲望或者一个策略。

念头，是欲望或策略的极致，是本能的极致。

观念法门让我们发现，我们几乎对生命生态体系的每一个构成，都是不满意的。这份无所不在的审查和批判，是从哪里来的呢？是谁的声音？

除了妈妈的声音，哪里还有谁。

这就是依附关系的成果。妈妈对我们不满意，我们自然对自己不满意。

童年时期妈妈对我们的不满意，通过观念法门，深刻地展现了出来。

听见这个声音，你也不必屏蔽这个声音。你只需要看着它，允许它，理解它，相信它。任由念头来来回回，包括自我批判和自我审查的念头，无须多加一层不允许。

如果不允许，就又多加了一层批判和审查。

你只需要看得清清楚楚、明明了了，允许一切，如是如是。

渐渐地，它（这份自我批判、审查、攻击）自然会慢慢离去。

观念法门很容易让我们自己惊醒。

原来自己的内在，有如此多的纠结、批判、攻击、审查。难怪日子过成了这种糟糕的状况。难怪人生的幸福安宁，那么遥不可及。

观念法门有两个好处。

第一，通过观念，我们可以深入观心。

仅靠观念法门，是无法救赎自己的，必须深入观心。从观念到观心，是很好的路。看到念头，起疑情，然后深入思考、对话，深入观心。

第二，观念法门，是衡量成长的一个很好的指标。

如果你很容易看见自己的心念，并且你的心念后面几乎没有自我审查、自我批判、自我攻击。也就是说，你对自己的每一个念头都是清楚的，都是接纳的，这就是念念清净，念念通达。

这个时候，人生就很幸福了。

41. 痛苦与反制

生命有个先天的分别，就是对痛苦的不接纳。

生命本能地不想要痛苦。

无论是身体的痛苦，还是心灵的痛苦，生命本能地抗拒痛苦。

这是生命的根本执着。

要走生态化疗愈的路，就要放下这个先天的根本执着。

人性的正常反应是去反制这份痛苦，减轻这份痛苦，或者不让这份痛苦出来。

比如，你说我不好，我瞬间很痛苦，我不想让自己痛苦，然后马上就会反击，或者吵架，或者解释，或者找借口，等等。

这就是人际关系中情绪反应的核心模式。

第一步：你让我看到我不好。

第二步：我很痛苦。

这是生命先天之反应。这个先天反应怎么来的呢？又跟依附关系有关。因为，我"不好"的话，妈妈就不会爱我，不会喜欢我。因此，每次我被说不好，我都会很痛苦。

第三步：反制。反制的方式也是五花八门。

包括但不限于吵架、攻击、报复、解释、发泄、找借口、逃避、隐忍……

这就是人际冲突的核心逻辑框架。

懂得了这个逻辑框架，就知道该如何处理人际关系了。

或许，你明悟的远不止这些，那是你的福缘。

讲这个逻辑框架是帮助大家认识到，人性常规处理痛苦的方式都是反制。

生活中在在处处、时时刻刻充满了反制。

什么是反制？

凡是能减轻痛苦的方式、方法都叫作反制。反制，是生命有效的生存策略之一。

凡是生存策略，都是一种执着。要放下执着，先要看见执着。

在日常生活中，处处看见自己对痛苦的反制，尤为重要。

人类在反制方面的创新，实在是层出不穷，所以看见反制很不容易。

人世间最有效的反制痛苦的方式是什么呢？

是被认同。

怎样才能被认同呢？

成功。各种成功。管它真假，只要成功。

你现在知道，为什么人人追逐成功了吧。从根本上讲，这一切都是依附关系的成果。

　　但是成功往往很难，还有一种办法，它可以避免痛苦，反制痛苦，还不必成功，就是体面地失败。

　　假装用功，那么即使失败了，也是体面的，谁（妈妈）也不能说你什么。

　　这世上多数人的多数努力，只是想拥有体面，一个不被指责的体面。他们并不想真正获得成功，因为他们内心深处是坚信自己不可能成功的。

42. 纯粹痛苦

假设你看见了反制，那么对于真正的成长者来说，你现在要做的是，拿掉反制。

那么，接下来会出现什么情况呢？

痛！痛！痛！甚至会痛到无法呼吸。

若真正深入地追杀最深处，那种恐惧和痛是完全无法想象的。

慢慢来，不着急。

如果受不了，就继续反制，过一会儿再拿掉反制，让痛苦降临，和痛苦待一会儿。

……

就是这样用功，来来回回，反反复复。

尽量和痛苦在一起，全然和痛苦在一起。

当然，量力而行，自己把握度。

之前说到神圣情感，如果说神圣情感是幸福的，是愉悦的，是欢喜的，那么这纯粹痛苦实在是反人性的。

除了痛，就是痛，还是痛。

成长就是这样，阴阳皆有，痛苦和欢欣交织。

往往先于神圣情感降临的是纯粹痛苦。没有纯粹痛苦，就没有神圣情感。

什么是纯粹痛苦？

就是没有反制的痛苦。

当然，很多时候你以为没有反制，你以为拿掉了反制，其实反制还是存在的。

当反制真的彻底拿掉，你没有一丝一毫的反制时，那会是至极的纯粹痛苦。

这是什么样的感觉？

这是什么样的味道？

作为成长者，作为勇敢者，希望你们亲自证得这样的境界。

执着是一种堵塞，执着越深，堵塞越重，疏通的过程就越痛苦。

但是，如果你能坚持住，生命真正的通达就会逐渐到来。

其实，痛苦本身也就那样，对痛苦的对抗引发的痛苦，比纯粹痛苦本身痛苦得多。

修行到最后，人生可以仍然有痛苦，但没有了对抗。

懂得了这个纯粹痛苦，我们会看清楚，人生很多时候所谓的成长，只是在回避和逃避。

虽然如此，我们对回避和逃避，我们对各种反制，也不起分别心。只需要看清楚就好了，也要感谢和接纳生命中各种反制的帮助。毕竟在我们还弱小时，在我们还不够智慧时，是它们在保护我们。我们要感恩生命赠予我们的所有本能。

神圣情感和纯粹痛苦，是真正的成长者必须无数次经历的境界。

43. 万物和解定律

在一次静坐中我忽然冒出来一个念头：

为什么一定要（彼此）接纳，为什么就不能（彼此）攻击呢？

无分别的爱是"人本圆满，知无分别"。所谓无分别，就是接纳一切。这是我们一贯坚定的坚持，但是那天，我的潜意识突然冒出了这个质疑。

思考后，我发现了依附关系，找到了这个问题的答案。无分别的爱的核心理论——依附关系，就是这样发现的。

问题的答案就是，建立依附关系是万物之第一本能，因此，必须彼此接纳。所以，我又将依附关系称为万物和解定律。

无分别的爱的理念和法则，不教你跟任何东西对抗。它们只是要求你知无分别！知无分别！知无分别！

核心是知！知！知！

知什么呢？知"人本圆满"。

知得越深刻越好，知得越精准越好，知得越全面越好。

越深刻、越精准、越全面，无分别越容易。

反过来，无分别越到位，知也越到位，这是彼此影响的。

知无分别是一体的，相互影响，很难区分哪个更加重要。

一定要区分的话，知是第一重要的。

无分别的爱提倡的"知"，是深刻的知，精准的知，绵密的知，全面的知。不是浮皮潦草的知，不是远远一瞥的知，不是心不在焉的知，不是充满偏见的知。

万事万物，都是有价值、有意义的。万事万物，都要去充分看见，充分理解，充分尊重。因为万事万物的第一本能都是建立依附。

这就是万物和解定律。

生命有三个我：小我，大我，真我。

小我，就是生命自爱自重的一面；

大我，就是生命他爱他重的一面；

真我，就是绝对存在，不生不灭的道体。

万物和解定律，先要从小我入手。因为人性都是懂得了自己，才能懂得他人。万事万物都是以自己为先的。

所以，小我为先，重点在小我。

这样走，这样成长，方符合人性之道。

当我们越来越看见（知）和接纳（无分别）自己的每一个人格侧面（本能）时，外面的某个人、某件事，其实就是我们自己人格的某个侧面。

我们能接纳自己的每一个侧面、任何一个侧面，我们就能接纳天下所有的人和事。

显然，小我走到极致，自爱自重走到极致，他爱他重自然极致，大我自然通达。

并且，这样的通达境，不是小我压抑的结果，不是人性压抑的结果，是小我、大我都健康的通达，是生命真正的通达境。

这才是我们应该追求的生命境界。

当小我、大我都通达，都深刻觉知到"人本圆满"时，对那个绝对圆满的道体（真我）的看见就不远了。

万物和解，从和自己的和解开始。

万物和解，从和自己的妈妈的和解开始。

因为，妈妈就是我，我就是妈妈。

44. 婴儿误解

爱需要资源，而资源是有限的。

很多时候不是妈妈的爱不够，而是妈妈的资源实在有限。

这个资源包括但并不限于：经济条件、工作能力、文化背景、夫妻关系、童年经历、身体状况、家事负担……

可问题在于，当妈妈因资源不够而对婴儿照顾不够的时候，婴儿并不理解这一切。相反，婴儿只会得出一个结论：我是不被爱的，我是被抛弃的，我是被忽视的。

比如，妈妈今天要去听课，不能陪孩子，孩子会认为，我是被忽视的。

比如，妈妈因为经济紧张，不能答应给孩子买礼物，孩子会认为，我是不重要的。

比如，妈妈今天来例假了，身体不舒服，无端发了火，孩子会认为，我是不被爱的。

比如，刚出生的孩子因重病住院，妈妈无法陪床，分离会让孩子根深蒂固地认定，我是被抛弃的。

比如，妈妈开了个玩笑，只是想吓唬吓唬孩子，但用错了口气和言语，孩子就会认为，我是有问题的。

……

这些点点滴滴累积起来，在孩子的心中就建立起这样的牢固信念：我是不被爱的，我是不重要的，我是被抛弃的，等等。这就叫婴儿误解。

婴儿是非常容易起误解的。因为婴儿是完全以自我为中心的，外界的好都是因为他好，外界的不好都是因为他不好。

为什么一定要用无分别的爱养育孩子？为什么童年养育一定要高质量？为什么一定要高评价孩子？为什么一定要"人本圆满，知无分别"？为什么万物必须和解？就是因为人性的婴儿误解。

婴儿误解一旦形成，要化解是很难很难的。

生命所有的伤痕、伤痛，几乎都来自婴儿误解。

我们如此痛苦，我们如此悲愤，我们如此绝望，几乎都来自婴儿误解。

我们自己的成长路有多难，和解路有多难，就知道化解婴儿误解有多难了。

我遇到过一个很有警醒价值的案例。

有位伙伴一出生就被送给了养父母，养父母对他的照顾可谓无微不至，但是他和原生家庭的毁灭依附根深蒂固。由此他对整个世界充满敌意，对养父母也有很多怨恨，直到后来他找到了原生家庭，发现原生家庭"一地鸡毛"，这时他才领悟到不在这样的原生家庭长大，在养父母身边长大，是生命无比大的幸运。

原来，被送走是最好的爱。

他很幸运，最终和两边父母和解。他这是走上了无分别的爱的成长路，努力成长了七八年，最后才能达成和解的。

那么一般人呢？

对于不走成长路的伙伴，我们换个思路来看。

现在我们自己为人父母了，因为资源有限，对孩子照顾不周，给孩子造成伤害的事情多不多？如果不少，那么你可否原谅自己？可否接纳自己？

如果你能原谅自己，能接纳自己，那么，也就可以原谅你的妈妈，接纳你的妈妈。

人性都是因为理解自己才理解别人的。

但是，这是明意识的道理，潜意识的运作不是几句话就能改变的。

潜意识的改变，需要整个生态系统的跃迁。所以，婴儿误解几乎是人性的无解难题。

爱需要资源，但是资源总是匮乏的。所以，婴儿误解是生命的常态。

怎么办？这人性的设计怎么这么讨厌？

但是理解万事万物，和万物和解，才是无分别的爱的宗旨。

我们就试着理解一下婴儿误解这个人性设计的深意。

婴儿误解来自婴儿的完全自我中心。

什么是完全自我中心？

我最好，我最棒，我是世界的中心。

我就是全世界，全世界就是我。

一切好都是因为我，一切坏也是因为我。

这怎么看，都像是悟道者的人生感悟。

悟道者最后归向了婴儿。

或许，婴儿的认知才是最为接近世界和宇宙的真相的认知。

那么，婴儿误解也许是在帮助我们，回归世界和宇宙的终极真相。

45. 斩断轮回

从依附理论推导，非常容易得出这个结论：

生命是轮回的。一代一代地轮回。

我的人生观、思想观、价值观、方法观，来自我的妈妈。

我妈妈的人生观、思想观、价值观、方法观，来自她的妈妈。

我妈妈的妈妈的人生观、思想观、价值观、方法观，来自她妈妈的妈妈的妈妈。

……

以此类推，我们会得出一个认识：

虽然我们已经生活在互联网时代，但是我们核心的人生观、思想观、价值观、方法观，还是农耕时代的那一套。

如果我们不思改变，那么我们的孩子大概率还是会继承我们这一套。

但是，他们将生存在人工智能时代。

农耕时代的生命，因为资源缺乏，养育粗粝，婴儿误解众多，生命的生态是荒芜的。按照依附理论理解，如果我们不改变，我们所养育的孩子的生命生态，也必将是荒芜的。

但是，要在人工智能时代活得精彩，就必须完成丰富生态化的生命。

怎么办？

我们可否就在我们这一代，斩断荒芜生态的轮回，斩断粗粝养育的轮回？当然可以。

怎么斩断？

用无分别的爱重新把自己养育一遍。

我们每个人的内心都有个小婴儿，因为当年妈妈的爱的资源严重不够，小婴儿伤痕累累、扭曲挣扎，对世界和人生充满误解。

现在我们所拥有的资源，比当年妈妈所拥有的资源不知强多少倍。

在资源相对充分的今天，我们要用无分别的爱，彻底地重新养育自己一遍。

这些资源是用来让我们好好爱自己的，如果我们不能好好爱自己，那么要资源何用？

所以，现在我们要自己做自己的妈妈，给自己内心的小婴儿以无分别的爱。

这就是无分别的爱最神奇的所在之一。

无分别的爱首先不是给孩子的，而是给妈妈自己的。

妈妈内心深处有个虚弱无能、伤痕累累的小婴儿，这个小婴儿不长大，妈妈就不会长大。妈妈不长大，很多东西还停留在婴儿态，她们就会把这些东西传承给自己的孩子。

生命就此轮回。

用无分别的爱养育自己一遍，怎么养育？

人本圆满，知无分别。

和自己的心在一起。

时时看见、表达、理解、允许、相信自己的欲望和策略。

深刻地看见和理解自己的每一个本能。

养自己，远比养育孩子重要。

因为生命的第一需要是依附，而依附就是轮回。

所以，重要的是妈妈的生态质量，而不是孩子的。

当我们用无分别的爱养育自己的时候，我们是深刻地看见和理解自己的每一个欲望、每一个策略的。慢慢地，固化的策略开始松动，执着消退，能量流转，各个本能各安其位，开始健康有序地生长，生态从荒芜的沙漠，渐渐演化为了丰富绚烂的大千世界。

无分别的爱是生态的跃迁。

这是什么意思？

打个比方说明，无分别的爱就是把寒带的生态，渐渐转成温带的生态。而且，寒带的所有动植物，在无分别的爱打造的温带系统中都活着，统统都存在着。

妈妈给予我们的执着，哪怕是恐惧、虚弱、无能、弱小，也是好东西，也是生命的恩赐，也是富有价值和意义的。

因为，这也是人生有用的策略的一部分。所以，统统保留。

显然，这是对生命的最高的尊重，这是对生态的最高的尊重。

这就叫生态跃迁。

无分别的爱的生命成长是生态跃迁。

真正的成长，从来不是消灭什么，而是理解什么，而是世界的丰富和平衡。

一切都存在，让一切越来越多，让一切各安其位，相互制约，相互增益，成就丰富和谐的生态世界。

这就是无分别的爱。

无分别的爱，根本上是给自己当妈妈的学问。

无分别的爱，根本上是自己养育自己的学问。

你不会自己给自己当妈妈，不会自己爱自己，是无法真正领会这个学问的精髓的。

第六章

生命元认知

46. 从外到内

心理学上的定义，所谓的"元认知"，就是对认知的认知。

在无分别的爱的话语体系中，元认知是指认识自己。

那么，怎么认识自己呢？

首先，把注意力聚焦到生命内部，聚焦到自己的身心。

元认知的第一步，就是把注意力从朝外转为朝内，转为自己的身心。

这其中有很多方法，专注身心的某一个存在，就是一种方法。

身心有多少存在，就可以有多少方法。

身心的存在包括但不限于：身体、器官、呼吸、声音、语言、感觉、感受、影像、情绪、欲望、信念、使命、记忆、思想……

这些存在可以被统称为"心"。

心是无限的存在，因此方法是无限的。但方法再多，方向也只有一个：自己的内在，自己的心。

所以，元认知的第一步，就是将注意力转向自己的心，"和自己的心在一起"。

　　目前，很多优秀的国际学校，从小学就开始实践这样的元认知课程了，但大都只是初步尝试。国内大城市的学校的心理咨询室和一些自我调节心理课程，也会涉及元认知的一些内容。

　　未来的新教育怎么发展？

　　答案很明确：大力提升和加强"元认知"和"元能力"的培训。

　　问题是，在这方面的师资几乎是空白的。

　　好处是，未来能做的事还很多。

　　无分别的爱是专业研究"元认知"和"元能力"的学问。所以，鼓励大家学习无分别的爱，未来发展空间无限。

　　元认知的第一步，是把注意力从朝外转为朝内，转为自己的心。

　　元认知的第二步，就是深入研究。

　　抓住一个点，深入其中。

　　怎么深入，大概路径和方向是什么？

　　这就涉及人性的整体认知框架了。

47. 自爱与索爱

生命的根本欲望是生存并发展。

怎么生存？

小婴儿没有独立生存的能力，只能依赖妈妈，只能向妈妈索取。

所以为了生存，人性生长出第一执着：索爱。

索爱的极致就是依附关系的建立。

生存之后就是发展。

怎么发展？

小生命有属于自己的天赋、方式、节奏，他们要尽可能地按照自己的天赋、方式、节奏来成长。如果有人阻拦，小生命就会极力反抗。

有句话说得好：生命的天性就是不顺从。

其实，生命的天性不是不顺从，而是生命有自己的规律、自己的意志和节奏，生命天然地希望按照自己的规律、意志和节奏行走。这叫作自爱。

所以，为了发展，人性生长出第二执着：自爱。

这两个执着，哪一个更深呢？

深度看人性，一切都是自爱，包括索爱，也是自爱的一部分。

具体而言，则不同时间、不同内容、不同环境下，不一样。

总体而言，小生命索爱执着深，随着年龄增长，自爱执着开始加重筹码。

青少年和婴幼儿的不同，主要就在这里。

很多妈妈抱怨："我之前的教育很成功，孩子很乖，很好，为什么到了初中、高中、大学，孩子就变了，变得让我如此失望。"

其实，你的教育方法从来都是错的，只是孩子小，力量小，以索爱为主，只能顺从。等孩子大了，力量大了，以自爱需求为主了，自然就不想顺从你了。

年龄小，索爱执着深，目光主要是向外的，喜欢学习"索爱之道"。

年龄到了一定程度，阅历到了一定程度，知道向外要不到，才开始渐渐向内。

一般而言，人在30岁之前，目光基本都是向外的，30岁之后才会渐渐向内。所以，学习无分别的爱的最好的年龄是在30岁以后。

当然，生命永远有例外，命运永远是不可测度的。

妈妈生孩子的年龄，也是30岁左右比较理想。太年轻了，妈妈心智不成熟；年龄太大了，妈妈身体跟不上。养育孩子，身体和心智都要卓越。

当妈妈是世上最重要的工作，也是世上最辛苦的工作。

感谢所有卓越的妈妈，她们引领了人类上升。

自爱和索爱都有两种方式。

一种叫作发展型，就是所谓的"良好"行为。

一种叫作保护型，就是所谓的"不良"行为。

无论是发展还是保护，都是生命的需要，尤其是"不良"行为，同样也是生命的需要。

无论是发展型自爱，还是保护型自爱，无论是发展型索爱，还是保护型索爱，都要充分看见，充满理解，充分允许，充分相信。

生命的自爱和索爱被充分满足了，生命的欲望和策略的丰富性就发展起来了，一个丰富生态化的生命就养育出来了。

生命所有的欲望和策略，不是属于自爱，就是属于索爱；不是发展型，就是保护型。

当然，很多时候不是那么好区分的，它们经常是混杂在一起的，而且经常互相转化，瞬息万变，快速流转。

元认知的第二步，就是要从人性的自爱和索爱之道入手。

48.　热爱与恐惧

索爱执着，是一种担忧，是一种焦虑，是一种恐惧。

恐惧什么？恐惧没有妈妈的爱。

没有妈妈的爱，就会很"惨"，就会"惨透了"。惨到连想都不敢想的程度，不能想，想都不能想。

从小婴儿的生存的角度看，这是非常容易理解的。

为了避免这样的极度的恐惧，人生必须按照妈妈的方式行走，这样才有保证，这样才会安全，这样心才踏实。

索爱执着，是一种"害怕失去"的执着。

这样的执着，这样的驱动力，曰"恐惧驱动"。

自爱执着，是一种向往，是一种欢喜，是一种热爱。

热爱什么？热爱生命本身。

生命自有自己的热爱，自己的欢欣，自己的向往，自己的心醉神迷。生命可以美妙到不可思议之境，美妙到想象不到的程度。

生命就是要追求这样的不可思议的美妙。这是生命的热爱本能，是生命的发展本能。所以，自爱执着是一种"向往美好"的执着。这样的执着，这样的驱动力，曰"热爱驱动"。

人生的动力之源，不外乎热爱驱动和恐惧驱动。

恐惧驱动又称妈妈驱动。以妈妈的声音为自己的声音，以妈妈的需要为自己的需要，以妈妈的认同为自己的认同。

恐惧驱动，就是要我们100％复制妈妈。

但是，我们为什么没有100％复制妈妈的命运，因为除了索爱，除了恐惧驱动，我们还有自爱，还有热爱驱动。

以自己的声音为自己的声音，以自己的需要为自己的需要，以自己的认同为自己的认同。

热爱驱动又称独立驱动。

研究元认知的第二步，就是要深入研究生命的热爱驱动和恐惧驱动。**一个人格圆满的人，务必深入明了自己的热爱驱动和恐惧驱动。**第二步才是元认知真正的重点和价值意义所在。

深刻地认知自己的热爱驱动和恐惧驱动，就是元认知之道。

49.　我是谁?

生命本身是一个生态,是无数欲望、策略(本能)的结合体。

但是,从更大的生态层面而言,单个生命体也只是其中的一个物种。

那么,热爱驱动第一个问题是:我是谁?我是哪一个物种?

我到底是鱼,还是猴子、老鹰,还是鸡、狗、羊、牛、狼、虎、豹……

我是禽类,还是猛兽;是飞鸟,还是爬虫;是食肉的,还是食草的;是家养的,还是野生的?

这世间,有的人是鱼,有的人是猴,有的人是龟,有的人是兔,有的人是鼠,有的人是鹰……

鱼有鱼的快乐,鱼的快乐,猴不知道。

如果我是鱼,我又何必跟猴比爬树?

猴有猴的快乐,猴的快乐,鱼不知道。

如果我是猴,我又何必跟鱼比游泳?

龟有龟的快乐，龟的快乐，兔不知道。

如果我是龟，我又何必跟兔比速度？

兔有兔的快乐，兔的快乐，龟不知道。

如果我是兔，我又何必跟龟比长命？

鼠有鼠的快乐，鼠的快乐，鹰不知道。

如果我是鼠，我又何必跟鹰比谁飞得更高？

鹰有鹰的快乐，鹰的快乐，鼠不知道。

如果我是鹰，我又何必跟鼠比谁钻地更深？

我就是我，我和我的热爱在一起，我和我的本来在一起，这样就好了。

我只要找到属于自己的物种，我接纳自己就是这么一个物种，我热爱我自己就是这么一个物种。我按照这个物种的方式生活，享受这个物种的快乐和自在，也接纳这个物种的不足和痛苦。

人生的成功和幸福，自然就到来了。

是的，我是一条鱼，就喜欢在河流中自由自在地游泳，这是我的最爱，这是我的灵魂，这是我的血脉。虽然我因此而不能亲吻土地，我不能在阳光下暴露太久，我不能和空气直接接触，但是，我接受，我愿意，我就是喜欢自由自在地游泳。为了生命中最热爱的本质，为了灵魂深处最令人悸动、颤抖的这份自在和欢乐，别的我都可以舍弃，都可以不要。

我，愿意。

这条河流就是我的家园，就是我的灵魂的归宿，就是我的心安之所。

这就是热爱，这就是热爱驱动。

热爱驱动的第一个目标（内容），是找到属于自己的物种，找到自己喜欢的生存方式。

显然，这是很不容易的。

因为小生命从来就没有被允许过做自己。

我们不管孩子是鱼还是鸟，是鹰还是鸡，我们不管这些，也不问这些，我们只管：你给我爬树，把树爬好。

别的都是胡扯，没有意义。

为什么？

因为，学校这个动物园只有一个要求，只有一个考核目标：爬树。

如果你的孩子是一条鱼，那么他注定会很惨。

也许你的孩子是猴子，成绩很好，你也不要高兴得太早。

这只猴子除了被鼓励爬树，别的都不被鼓励，都不被允许。

所以这只猴子长大后，大概率也是一只"傻猴"。

你的孩子，从来没有被鼓励过做自己。

你的孩子，从来只被鼓励跟那只"傻猴"学习。

有朝一日，你跟他说，去找属于自己的物种，去倾听内心的声音，去寻找属于自己的快乐。

你觉得，你的孩子会去吗？

这就相当于，你已经剪掉了他的翅膀，然后又鼓励他振翅飞翔。

一个人，要能真正做自己，那是真的爽啊。

无法形容有多爽。

除非一个人从头到尾，从小婴儿到青少年，都是被这样养育长大的，都是被彻底允许做自己的。否则，成人后的他几乎不可能找到真正的自己，更不可能做真正的自己。

50. 第一热爱

热爱驱动的第二个目标（内容），是找到生命的第一热爱。

什么是生命的第一热爱？

认识世界、链接世界的方式。

这是什么意思？

你不管做什么事业，甚至不管做什么事，你都会下意识地按照这个方式思考问题和处理问题。

这样思考问题、处理问题的模式，在你生活中的很多方面都会展现出来。这就是你生命的第一热爱。

但是，你并不知道，你一无所知。

现在你要费时间、费精力，去总结，去提炼，要以抽象的语言，简单地总结、凝练。

不要有废话，越凝练越好，但也要准确。

不要超过50个字。

举一个我自己的例子，我的第一热爱是，以严谨逻辑和勇敢实验相结合的方式，探究底层逻辑。

去掉标点符号，总共22个字。

希望大家都能找到自己的第一热爱。

生命的物种，相当于生命从事的事业，这往往不是唯一的。

但生命的第一热爱，生命认识世界、链接世界的第一方式，是唯一的。

所以，**找到自己的第一热爱更为关键和重要。**

因为，那是你真正的天赋所在，擅长所在，热爱所在，激情所在。

你要真正找到属于自己的第一热爱，从无意识行为，转为有意识的坚持，并在人生所有重要领域，以第一热爱的方式来行为。如此唤醒和扩大第一热爱，人生物质方面的成功和精神层面的幸福，就不远了。

热爱驱动最重要的两大内容——物种和方式，就讲到这里。

最后，请思考一个问题：看起来，热爱驱动是生命的根本执着，应该就是生命的常态，那为什么在现实生活中，我们很少触摸到"热爱"的气息呢？

51. 追杀效应

热爱驱动有两大内容：物种和方式。

恐惧驱动也有两大内容：追杀和绝杀。

追杀主要是指人在胎儿期、婴幼期、童年期经历的重大创伤事件。事件可以是单一事件，也可以是某类较小事件的组合。追杀可以是一个，也可以是很多个，因人而异。追杀最明显的特点就是令人"魂飞魄散"。你想，假如小婴儿遭受了重大创伤事件，能不魂飞魄散吗？

追杀效应是指人虽然长大了，但幼年的创伤并没有疗愈，以后生活中遇到类似情况时，人马上会重回小婴儿时"魂飞魄散"的状态。

现在，请大家根据自己的情况回想一下有没有以下经历之一，如果有，那里面大概率有追杀。

（1）极不愿意做某件事情、某类事情，甚至想都不能想。

（2）怎么都不愿意接触某种人。

（3）对某类事、某种人充满敌意和排斥。

（4）遇到某种事、某种情况时，很容易暴怒或失态。

（5）遇到某种事、某种情况时，非常害怕。

（6）在某方面非常执着。

（7）遇到某种事时，会产生特别过激的不合常理的反应。

（8）总是莫名焦虑和惊慌，好像处处存在危险。

（9）最近噩梦连连。

（10）极端痛苦、恐惧、焦虑、不安、惶恐。

……

上述情况下，当时的你有很大概率是被追杀了，不管你的反应看起来多么合理、多么道德，不管你有什么样的借口和理由。

一般来讲，人都有被追杀的情况，只是自己不知道而已。

因为，追杀实在太恐怖了，太令人痛苦了，生命会本能地逃避和反制，不让你直面。

给大家一个简单易行的判断标准：你情绪失控的时候，大概率是被追杀了。

情绪失控的时刻，就是你婴幼儿期的追杀，降临到了现在的你的身心上。

就在这一刻，类似的情境下，童年的创伤启动；就在这一刻，当年的"魂飞魄散"的小婴儿所有的痛不欲生的感受，全部超时空"附体"到了你的身心上。

此谓追杀效应。

为了反制这份痛不欲生的追杀，你必然会情绪失控，对外出手。

生活中情绪失控的时刻有多少，追杀效应就有多深厚。

等你冷静下来，开始理性反省时，往往会百思不得其解。从道理上来说，这事不大，不该有如此激烈的反应。你开始给自己讲道理，但是不管你给自己讲了多少道理，做了多少心理建设，每次类似的事情一来，你必然还会情绪失控，还是如此反应。为什么呢？

因为追杀找来了，你婴儿时期最深的伤痛找来了，从成人的明意识的道理层面，是根本不可能抵挡追杀效应的。可以说，明意识的道理在潜意识最深的追杀面前，简直是螳臂当车，毫无招架之力。

童年时受到的创伤和痛苦，会一辈子深入骨髓地跟着你，如影随形。如果你不洞见，下辈子它还会继续跟随你。

如果是纯粹的成人世界的痛苦，如果只是成人世界的挑战，只是"现杀"，那么不管后果多么糟糕，哪怕直面死亡，也没有什么大不了的，人都可以直面。

一旦涉及追杀，痛苦的程度瞬间会上升100倍。因为那是小生命最无能为力、最柔弱的时候经历的至深痛苦。我不知你能否想象到和体会到小婴儿面临生死时的痛苦。世间没有任何痛苦，可以比得过小婴儿遭受的追杀之痛。

追杀之痛的痛苦程度，是"现杀"之痛的100倍。

每个人的追杀都不同，因此被追杀的人感到极度痛苦的事情，在没有这方面追杀的人看来，会觉得没什么大不了，对方实在是大惊小怪。

人际沟通最大的误解，尤其是夫妻之间，就在这里。夫妻之间，一方认为另一方遇到某类事情总是反应过激，这样的行为完全是不可理喻，与之前判若两人。殊不知，对方是被追杀了。人面临追杀，就会陷入最惊慌失措的状态，怎么反应都是合理的。但因为你没有类似的追杀，所以你无法理解。反过来也是一样的。

若没有真正深刻的成长之体验，那么理解追杀效应是件很困难的事情。

一般而言，你成长不够深入，连看见追杀都困难。因为，追杀太令人痛苦了。

追杀之痛苦，是无法用语言描述清楚的。

追杀，往往跟妈妈的缺失有关，跟分离焦虑有关，跟妈妈的不到位有关。

追杀，是生命最大的空洞。

无论你多大了，哪怕100岁了，只要你不疗愈，追杀就会一直存在于你的身心内。

只要你不疗愈，内心有空洞，追杀就会永远发出黑气，影响你当下的生活。

这就是生命要圆满的原因之一，不圆满是不行的。

当然，生命的各种各样的反制，会把追杀包裹起来，不让生命直接接触这样无底的黑洞。

这就是生命的均衡之处。

圆满和均衡是人性的两大驱动。

追杀效应的图景：

一根刺深深地扎在心口，这根刺的外围包裹了很多软膜，但经常包不住，包不住的时候，心口会产生100级的剧痛。

52. 绝杀效应

什么是绝杀？

绝杀是指妈妈给予孩子的人格层面的限制性信念。

妈妈已经在你的灵魂深处下了一个咒语，下了一道封印，内容如下。

（1）你是不可能_____的。

例如，你是不可能成功的，你是不可能有钱的，你是不可能健康的……

（2）你是不配_____的。

例如，你是不配得到幸福的，你是不配优秀的，你是不配自信的……

（3）你的_____是_____的。

例如，你的婚姻注定是不幸的，你的身体是不重要的，你的事业是不会有成就的……

你注定是低人一等的，你注定要辛苦地过一辈子，你注定是不被人喜欢的……这是妈妈对你的评价，生命的依附关系会把这些评价统统吸收，并且会无比珍视。

长大后，你的自爱出来了，你准备反抗这些评价，你要改写你的命运。

但是，如果你成功了，就意味着：

你背叛了你的妈妈，你和妈妈这方面的链接没有了。

但是，如果你有钱了，就意味着：

你背叛了你的妈妈，你和妈妈这方面的链接没有了。

但是，如果你健康了，就意味着：

你背叛了你的妈妈，你和妈妈这方面的链接没有了。

但是，如果你幸福了，就意味着：

你背叛了你的妈妈，你和妈妈这方面的链接没有了。

但是，如果你优秀了，就意味着：

你背叛了你的妈妈，你和妈妈这方面的链接没有了。

但是，如果你自信了，就意味着：

你背叛了你的妈妈，你和妈妈这方面的链接没有了。

……

你总不能，事事都背叛你的妈妈吧？

你大概率还是默认了妈妈的很多评价，接纳了妈妈的很多认定。

你待在妈妈的认定中，待在这样的咒语和封印中，用这种方式和妈妈链接，内心"暗生欢喜"。

在你潜意识的深处，你深信自己追求的很多东西是得不到的，是不能得到的，因为得到就意味着背叛妈妈，意味着和妈妈依附关系的中断。

这个背叛，这个中断，就是追杀啊。

所以，你不可能背叛，你不可能中断。

所以，你的很多很多的努力，完全是生命的无用功。

这就是人性。

这就是绝杀的可怕。

也许你会反驳："妈妈确实抱怨过我，指责过我，说我不会成功，但是，妈妈也经常鼓励我，经常相信我。"

有的东西是反制，有的东西是灵魂和本质。

妈妈在资源极其不足的时代，被有分别的爱养育长大，内心深处一定有无数追杀和绝杀，一定充满了自我低评价。

这些才是妈妈灵魂的本质，它会被孩子通通吸收。

因为命运的不可测，因为时代的进步，有的孩子能成功逃脱部分绝杀。

有的孩子逃脱了一段时间之后，又回归了，又掉进去了。

有的孩子一个都没能逃脱。

什么是绝杀呢？

你努力追求的，是你灵魂深处深信自己得不到的东西；

你努力想摆脱的，是你灵魂深处深信属于自己的东西。

追杀跟妈妈的缺失有关，绝杀跟妈妈的存在有关。

追杀是对妈妈缺失的抗拒，绝杀是对妈妈存在的回归。

追杀的可怕是让你"魂飞魄散"，但是你会躲着追杀。

绝杀的可怕是让你暗生欢喜，但仔细琢磨，令人毛骨悚然。

绝杀是悄悄给你挖了一个大坑，让你掉进去，你还特别开心。

就算没坑，你也会自己挖个坑让自己掉进去。

绝杀效应的图景是：

你待在索爱的坑里（妈妈的低评价中），你的自爱又不允许你自我低评价，于是你要努力往上飞升（扑腾），但是没飞多高，低评价的依附力量又会把你拉入坑中。

你不停地上下扑腾，却劳而无功。但是，你又不能停下扑腾。停下来，自爱不允许；飞上去，索爱不允许。所以，绝杀效应又叫粪坑效应。

生命除了在粪坑中不停扑腾，别无选择。掉下去痛苦，飞起来更痛苦，还是不停地扑腾相对舒适一点儿。

粪坑效应还有一个文雅知性的名字，叫作"舒适区"。

追杀和绝杀还会相互影响。

追杀一定会导致限制性信念，产生绝杀。

绝杀会限定边际，在此边际内是相对温暖、安全的，超出此边际，就是追杀。

生命潜意识的底层有一堆追杀和绝杀，它们相互影响，构成"连环杀"，难怪人世间幸福是如此难得。

追杀和绝杀是生命成长的头号课题，也是头号难题。

追杀和绝杀躲在潜意识的最深处。深入潜意识不够，是绝对搞不定的。

搞不定追杀和绝杀，命运的轮回就难以斩断。

53.　污染效应

恐惧驱动是害怕失去，热爱驱动是向往美好。

恐惧驱动是妈妈驱动，热爱驱动是独立驱动。

恐惧驱动是不好理解的，若没有真实的体会，你一辈子也搞不懂到底什么是追杀，什么是绝杀。

看起来热爱驱动倒是很容易理解。

很多人随口就来，张嘴就来：我就是喜欢……我就是热爱……

但是，这是真正的热爱驱动吗？

假设你的"热爱"是A，那么你可以问自己以下几个问题，再来确定A到底是热爱驱动，还是恐惧驱动。

（1）如果得到了A，你会开心吗？开心多久？假设你得到了足够多的A，你还会继续为此努力吗？

（2）你是真心热爱A，还是希望获得妈妈/他人的认可和夸奖？哪个占的比重更高？

（3）要得到这些A，就需要付出××代价，你真心愿意付出和承受相应的后果吗？你是热爱这样的付出还是迫不得已？你有没有开始付出？你对这些付出是什么态度？

（4）你愿意一辈子为A努力，还是希望得到足够多的A以后，去做别的事情？最好再也不要为A而努力？

（5）这个A是你生命的目标，还是你生命的工具？

（6）有没有别的东西的魅力和吸引力超过这个A？

……

这样问下去，你往往会发现，你的人生全是恐惧驱动，连一个热爱驱动都没有。

你以为你在追求优秀，追求卓越，追求热爱，其实你只不过是在替妈妈活，替别人活。

你到底是在追求被妈妈认可，还是在追求被自己认可？

这无异于天问。

这是妈妈的热爱和恐惧，还是你自己的热爱和恐惧？

这又是一个天问。

从妈妈到你自己，中间隔着千山万水。

假设你运气好，找到了自己的热爱物种，甚至找到了自己的第一热爱，那么，你要起来行动了，要去争取属于自己的幸福生活。

你一旦行动，就会遭遇无数挑战和障碍。

一般情况下，事业要取得成就，都需要遭遇无数挑战和障碍。

你要寻找自己的热爱，根据自己内心的声音而行动，除了一般的挑战，你还会遭遇特别孤独的挑战。

因为，热爱驱动从来就是一条孤独的路，一条与众不同的路。

孤独，就是没有依附，它会有效唤醒你的追杀和绝杀，让你根本行动不得。

一句话总结：恐惧驱动会有效污染你的热爱驱动，让你根本找不到自己的热爱。或者虽然找到了，你也没有能力付诸实施。

你没有被允许过热爱自己，没有被允许过做你自己。这种事情，若童年没有，那么往往一辈子就没有。就这样，永失我爱。

也许这本来就是你的热爱，但是你是恐惧着去做的，这个热爱从此被污染，此后永远不会上升为真正的热爱。

大多数针对孩子的所谓的强化、培养、纠正、鞭策、养成、明理……基本都是在种植恐惧，是在严重污染生命最宝贵、最重要的热爱驱动。

大多数的生命，在幼儿期就会永失我爱。此生与生命最珍贵的禀赋（自我热爱），阴阳两隔，天各一方。

可以这样讲，热爱驱动是生命的根本执着。只要追随热爱驱动，第一流的人生唾手可得。物质的富足，精神的高远，尽在热爱驱动之中。

但是，热爱驱动有一种特性：敏感，超级敏感。尤其是在童年期，非常容易被恐惧驱动污染。

最高贵的生活，需要最精致的心灵。

最精致的心灵，只有无分别的爱才能养成。

54. 和自己依附

生命啊，你逃不过追杀和绝杀的天罗地网，除非你真正深入无分别的爱，彻底改写自己的潜意识。

搞定追杀和绝杀，成长就差不多了，这也是成长的标准。每一个成长者都应该以这个作为标准来要求自己。

追杀也好，绝杀也好，都是我们在婴儿期和妈妈的依附出了问题。

现在我们长大了，我们不是小婴儿了。至于妈妈，妈妈也老了，越老越像小婴儿了。我们再也不可能和自己的妈妈重建依附了。那么，我们曾经的千疮百孔的依附该怎么办？该怎么修补？该找谁去建立全新的依附？

如果我们不建立崭新的依附，用它替换原有的追杀和绝杀的依附，命运就会一直轮回。好在还有另外一条路。

这条路就是，和自己建立起世界上最圆满的依附。

自己做自己的妈妈，自己做自己的孩子，自己看见和理解自己的一切。自己和自己的心全然在一起。全面了然自己的欲望，全面了然自己的策略，深刻洞见，全然接纳。全面了然自己的热爱，全面了然自己的恐惧，深刻洞见，全然接纳。

元认知的终极目标和终极境界，就是建立起和自己的全然的依附。

无分别的爱的学问，就是帮助我们建立和自己的全然的依附。

无分别的爱的学问，也是在帮助我们的孩子，建立和他们自己的全然的依附。

第七章

生命元能力

55.　最重要的能力

生命最重要的能力，是元认知的能力。

何谓元认知的能力？

就是看见自己的心，理解自己的心，和自己的心和谐共处的能力。

进一步追问：元认知到位后，最大的好处是什么？换句话说就是，认识了自己，了解了自己，到底有什么真正实质性的好处呢？

花这么多的时间和精力在自己的心上，到底有什么巨大的好处呢？

这个问题很重要，因为人性就是这样，好处不够就不容易有动力。

答案很简单。

元认知充分到位，生命的元能力就会流转出来。花了这么多时间和精力，在自己的内心上，最大的好处就是，生命的元能力会蓬勃生长出来。

生命的元能力，又曰"流动力"。

生命最重要的两大能力：元认知和元能力。

元认知是向内的能力，简称"守护力"，是一种依附力。

　　元能力是向外的能力，简称"适应力"，是一种流动力。

　　西方多元智能，把人的能力分为语言、数理逻辑、空间、身体运动、音乐、人际、内省、自然探索、存在等能力。又有人从其他角度对人的能力进行了分类：记忆力、形象力、抽象力、信仰力、创造力、领导力、审美力、情商力、财商力，等等。

　　这样的视角都是机械化的视角，反映了工业文明和西方文明的分割特质。

　　从生态化的视角看，重要的不是某项能力的卓越，而是生命整体的流动能力（状态），这才是真正关键和核心的能力。

　　假设把生命的能力看成一个太极图，机械化的视角追求的是亮点多，太极图里要有很多亮点，一个亮点就代表一个卓越的能力。生态化的视角则是追求阴阳整体流动的通畅性。生态化的视角是不追求亮点的大小或多少，而是追求亮点和暗点之间可以自由自在地流动，自由自在地演化，自由自在地生发。

　　生态化视角的重点不在于某个单项特质的卓越以及数量的多少，重点在于，生命的整体的流动能力，以及在自由流动、高速流动中保持秩序和平衡的能力。

　　这就是流动力。

　　孔子曰："随心所欲不逾矩。"这句话说的就是"流动力"。

　　我们之前讨论过，人有一万种本能，可以应对任何的情况。我们并不缺能力，我们缺的只是把能力流出来的能力。

　　能力流转出来，问题自然就能解决了；能力流转不出来，问题自然解决不了。

所以，真正卓越的生命，不是某项特质或者某些特质卓越，而是生命整体的流动性的卓越。

举一个非常简单的例子。

爱人跟你怒吼，你明知道说声"对不起"就没事了，但你就是说不出来。你没有说"对不起"的语言能力吗？

显然不是。而是那个当下，你没有心理能力让"对不起"这个语言流转出来。

你为什么说不出来？

是因为被某个追杀或者绝杀困住了。如果那个当下，你能看见自己的心，看见自己的追杀和绝杀，和自己和谐相处，就有能力瞬间说出"对不起"。

这就是流动力。

这就是生命的元能力。

这就是生命的依附力，诞生生命流动力的过程。

这就是生命最为重要的两大能力。

56.　无限复杂的人生

人生几乎每一个点，都要面对无限复杂的关系。

当他是一个学生时，他需要面对并适应：

各种关系，如各类同学、各类朋友、各类敌人、各科老师、父母家人……

各门学科，如语文、数学、英语、地理、音乐、物理、化学、体育……

各种状态，如跟不上、煎熬、害怕、迟到、逃课、生病、旷课、请假、熬夜……

各种后果，如激烈竞争、脱颖而出、一塌糊涂、进退维谷、漫长黑暗、无力挣扎……

总之，一个学生的世界，相对来说是最为单纯的，其实也是非常复杂的。

一个人需要拥有多少能力，才能处理如此复杂多变的关系呢？

当他谈恋爱和成家时，他需要面对并适应：

追人、被人追、初恋失败、拒绝、被人拒绝、吵架、分手100次……

单相思、被比较、被嫌弃、真心、虚伪、伤害他人、被他人伤害……

争取、妥协、沟通、伪装、威胁、防御、婉转、等待、抓住时机……

金钱问题、车子房子问题、生育问题、双方家庭关系、养育问题……

一个人需要拥有多少能力，才能处理如此复杂多变的关系呢？

一个人想要解决哪怕最简单的一件事，所动用的能力都至少是100种起。

当他工作后，他需要面对并适应：

年薪5万元、10万元、100万元、1000万元……

低端职位、中端职位、高端职位、被裁员、被贬斥、停滞、升级……

创业、失败、成功、倒闭、缩小、扩大、换行、融资、合作、解散……

富N代、官N代、创业、守业、融资、上市、破产、负债累累、重组……

你是希望你的孩子适应年薪5万元，还是年薪1000万元，抑或是都适应呢？

你培养的孩子需要适应年薪多少呢？以这个为目标来培养孩子，对吗？

拿其中任何一项来说，如换行、创业、融资、重组，每一项又需要动用人的多少种能力呢？

结论：要做好一个人，处理这么多纷繁复杂的关系，解决数以千万计的大大小小的分门别类的问题和困难，光靠某几项能力是不靠谱的。要做好一个人，要真正成为一个大写的人，必须把人的一万种能力统统发挥出来。

再来说说人的角色扮演。

假设有一个已经成家的50岁的男人，他需要扮演好以下角色（任务）：

家庭角色：老公、爱人、情人、仆人、爸爸、朋友、心理咨询师……

家族角色：儿子、女婿、侄子、哥哥、弟弟、舅舅、姨父、大伯……

工作角色：领导、下属、榜样、骨干、导师、学生、朋友……

其他任务：除了家庭工作，除了老人、小孩，还得照顾好自己的身体，还得照顾好自己的心灵，比如满足自己的爱好，履行人生的使命，完成自己的理想……

有几个人能把上述所有角色（任务）统统做到位呢？

大多数人能做好其中的几个角色，完成其中的几项任务，已经算不错了。

为什么会这样呢？

因为，人的生命的流动力远远不够。

世界如此复杂，人生要求很高，我们本具备所有的能力，本可以适应所有的角色和任务。但是，后天的教育让我们丧失了流出这些能力的能力。

人的生命境界，无非三种：失意、平常、得意。你能适应吗？

古人曰：失意不失志，得意不忘形，此乃人生最高境界。失意适应很难，得意适应很难，平常适应更难。

要真正适应这个社会，适应各种各样的生存环境，扮演好自己所有该扮演的角色，承担好所有该承担的责任，重要的绝对不是拥有某几项卓越的能力，而是生命所有的能力在需要的时候都能流转出来，即生命的流动的能力。

这就是，"流动力"被称为"生命的元能力"的原因。

一个人，从受精卵到死亡，每时每刻都在变化。世间万物，唯有变化是永恒不变的。所以，最重要的能力是什么呢？就是生命的元能力。

57. 生态力

流动力大致有宏观和微观之分。

宏观的流动力被称为"生态力"。所谓生态力，简而言之，就是从生态的角度看待事物。

对创业者来说，从生态力的角度看，至少有三层生态圈对成功至关重要。

第一层，也是最大的生态圈，即"时代生态圈"，就是时代发展趋势和国家发展趋势。

20世纪90年代，我从北大毕业就直接参加工作了，根本不考虑出国，连保研都拒绝了。

当年北大流行一种戏说：第一流的学生出国，第二流的学生读研，第三流的学生工作。按这种说法，我这种直接参加工作的属于第三流的学生。

但是，二三十年后再看，整体而言，留在国内的毕业生发展普遍好于出国的。

对我而言，我要是当时选择出国，就不可能独自开创一套体系出来了。

由此可见，选对国家发展趋势，选对时代发展趋势，往往是第一重要的。选中国，选中国的大城市，选自己热爱的朝阳产业，就是选择最好的生态圈子。所以，成功的第一要素就是选对大生态。

选对了还不行，还得爱护，还得爱护大生态。有的人就在中国，就在大城市，选择的行业也很好，但总是怨声载道，消极悲观。你怨声载道、消极悲观，就是在拒绝与决定你命运的生态圈建立良性链接。所以，失败降临到你的命运中非常正常。

投资界有句话，叫投资就是赌国运。真正爱你的国家，爱你的城市，爱你选择的行业，是取得成功至关重要的第一步。

热爱这种东西，看起来无形无相，摸不着抓不住，但往往是真正起决定性作用的东西。很多东西的明悟需要岁月的沉淀。我也是随着年龄渐长，才渐渐悟出这些东西的。道理也很简单，心态一变，万物和解定律会自然启动，命运之轮就开始神奇地改换轨道了。送给大家一句话：生态是最大的风水。

第二层生态圈，是中层的生态圈，即"行业生态圈"。

这里包括你的同行、你的对手、政府管理部门、你的客户、你的合作者，等等。

你要有"我们是一体的"的整体观念。尽量和行内各个生态体搞好关系，大家共同繁荣。

必要的竞争甚至斗争是需要的，但是大家是一个生态圈的理念更要具备。

一个行业寸草不生，只有你独自存在，其实非常危险。行业兴旺，个体兴旺，这就是生态意识。大家是一体的，做任何事，自己得利，他人也得利，才能真正兴旺。一个人攻击自己的行业，攻击自己的同行，攻击政府管理部门，攻击……都是在破坏自己的风水。风水不好，想成功，难。

第三层生态圈，即"盟友生态圈"，就是你和你的同事、你的同盟者之间的关系。

大家要有一个网络的图景，要意识到整个网络的存在，意识到自己只处于网络中的某个位置。哪怕这个位置很重要，也只是一个节点，更重要的是这个网络。

这就不仅仅要从自己的角度出发看问题了。

盟友的利益、盟友的立场、盟友的发展，有时候比你自己个人的利益、立场、发展还要重要。大家必须要有这样的意识。

真正的危险，往往不是来自外部，而是来自自己内部。自己内部团结，利益一致，士气一致，成功的概率就会大很多。反过来呢？必然失败的概率更大。

这就是生态力的视角。

从创业者的角度来看，三个生态圈分别是时代生态圈、行业生态圈、盟友生态圈。一般而言，事业发展遇到困难，往往是这三个生态圈中的某个出了问题。

具体到你自己，你有哪些对自己而言至关重要的生态圈，需要你自己用心研究，用心分析，得出属于自己的独特的深刻见解。

视角可以是无穷的。但不管是哪一个，核心都是：做任何事情，都要从生态的角度看问题，要从网络和整体的角度看问题。拥有了这样的视角、这样的能力，你对成功的把握就会上升很多。

具体情况下，生态力的具体运用是需要具体问题具体分析的。连生态力本身都是流动的。所以，一切归到流动力。

流动力是万力之源，是生命的元能力。

58.　坏妈妈投射

生态力就是宏观的流动能力。

生态力就是生态圈，就是你的"风水圈"。

这么一说，你马上就能意识到，生态力为什么超级重要了。风水不好，要成功和幸福，就很难了。

先讲时代生态圈，即国家和时代。

攻击这个国家，攻击这个时代，攻击这个民族的人，太多了。角度五花八门，层出不穷。善意的批判自然可以，但很多是恶意的赤裸裸的人性邪恶的释放。

再来看行业生态圈。

攻击对手、攻击政府部门、攻击同行的人就更多了。正当的竞争和争论自然可以，但很多是恶意的赤裸裸的人性邪恶的释放。

再来看盟友生态圈。

很显然，攻击、争执、报复等恩恩怨怨更多。

时代国家的，离我们远；同行政府的，也离我们远；但是与盟友，是每一天都要相处的。

亲密关系从来都是最难处理的，显性和隐性的攻击盛行。

这三个生态圈是我们取得成功重要的"风水圈"，但是我们会不由自主地攻击和毁灭我们的"风水圈"。

为什么会这样呢？

因为童年依附关系建立的挫败，孩子对妈妈有很多怨恨。

外面的一切权威和个体，包括但不限于国家、政党、政府、民族、同行、同事、领导、下属、朋友……这些都很容易被投射成"坏妈妈"。

一切都会拟人化，一切都会"拟妈妈化"。其中大量的是"拟坏妈妈化"，即"坏妈妈投射"，于是攻击和毁灭展开。

人并不知道潜意识的运作规律。他以为他只是在攻击和毁灭××，其实并不是。

××不是他真正憎恨的对象，他只是把这个对象投射成了童年的"坏妈妈"。

他憎恨攻击毁灭的是"坏妈妈"，是童年婴儿期误解中的坏妈妈。

他的生命的风水就是这样，被他自己亲手破坏的。

风水圈，生态圈，是生命的流动力。

这个流动力为什么会被大肆破坏？是生命的依附力不够导致的。

风水，就是这样被破坏的。

所以，**生命真正的好风水，就是有一个拥有无分别爱的能力的妈妈。**

无分别的爱，到底是一门怎样的学问呢？

59. 应无所住而生其心

微观层面的流动力，称之为智慧力。

微观层面的流动力的极致，就是应无所住而生其心，如下图所示。

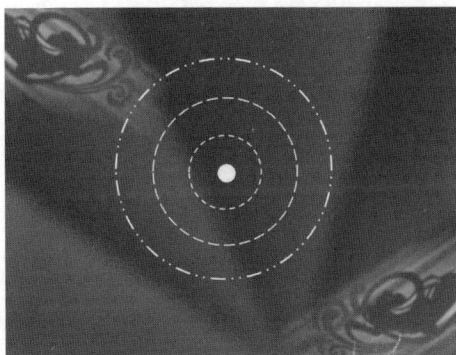

应无所住而生其心

图中中间的圆点就是我们的本心。

虚线的圆代表本心启用的无法穷尽的智慧和状态。

这个无穷无尽的智慧和状态，代表解决世间一切问题的方式、方法。

那么，什么是"应无所住而生其心"呢？

平时我们的心是如如不动的，是了了分明的，是极为清净的。

问题一来，心自然就会有智慧流转出来，心自然就会转换到解决问题的合理状态，从而搞定问题。

这个过程几乎是潜意识的本能反应，很多时候都不需要经过你的大脑理性处理。

有的时候需要经过你的大脑理性处理，但是很快答案就会出来。

如如不动中，智慧极速流出，灵动无妨，不拘一格，迅速解决相关问题。

这就是应无所住而生其心。

对比一下"本能执着"人格特质图。

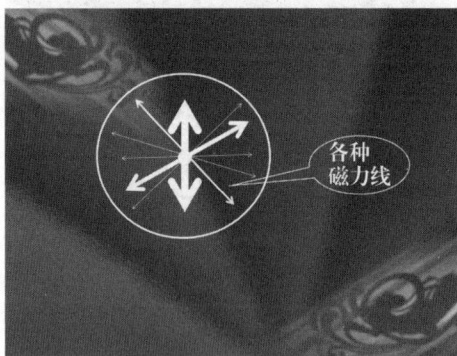

"本能执着"人格特质图

事情来了，本心刚想动，就被各种执着（磁力线）给拦住了。

因为各种执着，心灵处处是障碍、纠结、牵绊、撕扯，毫无灵动的空间。

因此，智慧出不来，人生处处被掣肘，动辄得咎。此所谓"应有所住而死其心"。"住"越多，心越死；"住"越少，心越生。

"应无所住而生其心"，是禅宗《金刚经》的法语。

儒家经典也有类似的法语，即《论语》中的"随心所欲不逾矩"。

《道德经》中也有同样的法语，即"无为而无不为"。

《道德经》曰："为学日益，为道日损。损之又损，以至于无为。无为而无不为。"

损的是什么？

损的是什么，无所住的就是什么。

损的是执着。

住，就是执着，所以，损=无住。

无所住，就是所有执着都损了，所有执着都不住了，所有执着都不执着了。

生命最大的执着就是追杀和绝杀。

无所住的意思，就是生命的追杀执着和绝杀执着都没有了。

此时，本心自然会清晰地显现出来。

身心清净，寂然，了了分明，如如不动。

但一遇事情，心无间启动，智慧自然生发，解决方案总是那么到位，那么合情合理，乃至精彩纷呈。

静若处子，动如脱兔，如是如是。

微观层面的流动力，就是中国文化最为推崇的智慧力。

这是人的智慧，也是禅的智慧，也是道的智慧。

中国文化，儒释道三家，同出一源。

"应无所住而生其心"分为两部分。

第一部分：无所住。

这是修依附关系，建立和自己的依附关系，来自妈妈的追杀和绝杀就不执着了，就无所住了。

第二部分：生。

这是修流动力。生生不息，无穷变幻之道。

显然，重点是第一部分，是"无所住"。

心修到"无所住"的状态，智慧自然会生发和流转出来。

我们再一次看到，生命磅礴的流动力，来自生命深厚的依附力。

中国文化的极致境界，只能意会，无法言传。这是中国文化的特点，中国文化是世界上最卓越的文化。

但缺点在于，你自己没有亲自证得，就不明白它到底在说什么。它又确实不是那么容易证得的。

衷心建议大家深入成长，搞定追杀和绝杀，和自己建立全然的依附。

彼时，身心的清净境界、自由境界，就会时时和你在一起。

60. 生命的色彩

婴儿是极阴极阳的。

前一秒钟极阴，后一秒钟极阳；

前一秒钟极阳，后一秒钟极阴。

比如：

前一秒钟哇哇大哭，后一秒钟笑容灿烂。

前一秒钟吃得很香，后一秒钟碰都不碰。

前一秒钟爱不释手，后一秒钟甩手扔掉。

……

极阴极阳，就是生命极速的流动力的展现。

小婴儿流淌的是生命鲜活的色彩。

但问题是，我们认为这样是不对的，于是出手：

不要哭、不要扔东西、不要闹、不要浪费、不要乱走、不要……

这些阴都是不对的，都是需要调整的。

人只要阳就行了，阴必须杜绝，所以必须养成"好习惯"。于是，渐渐的，等婴儿长大成人，就变得不阴不阳了。

生命的流动力，被我们的分别心成功摧毁。

这世上不阴不阳的人太多了。

不阴不阳就是生命的流动明显受阻的状态，就是生命之河流中暗礁太多，大坝太多，烂泥塘太多，阻塞太多，分别太多。

这就是在生命早期，被家庭教育"彻底调整"了的生命。这样的生命，最大的问题就是没有鲜活的色彩。一切中规中矩，一切合乎常理，一切正确无比，一切符合标准……唯独没有色彩。

真正健康的成人，是阴阳平衡之人。阴阳怎么真正平衡？

任由生命按照自己的天赋、节奏和方式流转他的阴阳本能，待长大后，他自然阴阳平衡。不去打击阴，不去歧视阴，不去纠正阴，更不去消灭阴……生命自有自己的阴阳流动节奏，人本圆满，知无分别，一概允许，一概接纳，如是如是。

这样长大的生命，自然阴阳和合，阴阳平衡。

婴儿的流动力极强，只是婴儿的很多能力没有发展出来，力量也没有生长出来。

若一个人成年后，各种能力都有了，力量更是强大无数倍，但是，他的心灵依然像婴儿一样柔软、新鲜、灵动、敏感、热爱……

也就是说，一个人成年后，他还具备婴儿一样的生命的流动力，这会是一个何等卓越的生命呢？

他会是一个充满魅力、充满色彩的生命。

生命的元能力，生命的流动力，不仅仅是来给我们智慧的，不仅仅是来帮助我们适应社会、解决问题、建功立业的。

生命的元能力，生命的流动力，本质上是生命的鲜活力和色彩力。

无分别的爱养育的是色彩斑斓、五彩缤纷的生命。

61. 人类的极限

人类进步发展的极限，必是人类的流动力的极限。

工业时代的流动力，是农业时代的10倍级别。互联网时代的流动力，又是工业时代的10倍级别。人工智能时代的流动力，预计将是互联网时代的10倍级别。

但是，我们的家庭教育理念，停留在农耕时代。

我们的学校的教育手段，停留在工业化初期时代。

这就导致被这样养育的生命，其生命的流动力，是远不足以匹配社会的流动力的。他们会无法适应社会的发展，他们中的大多数会患严重的精神疾病。

未来，精神病人的数量将是一个海量级的数字。这么多人得精神病，就是人类整体病了。怎么办？

人类进步发展的极限，必是人类的流动力的极限。所以，有两条路可行。

一条路，是延缓人类的进步发展。

延缓的方法最好就是战争，极致就是核战争，彻底毁灭人类。

另外一条路，是人类必须大力改良自己的教育，尤其是家庭教育。

人类文明史几千年，家庭教育和学校教育几乎没有什么进步。

这是人类最大的危机所在，也是人类最应该大幅度改良之所在。

现在，互联网和人工智能时代才刚刚开启，人类的精神问题就已开始大量暴露，未来只会更加严重。

如果我们不大力改良我们的教育，不大力提倡"元认知""元能力"的教育，不将人类的流动力提高几个数量级，那么，人类最终会在集体疯癫中自我毁灭。

未来可以做这方面的课题研究，研究家庭教育、学校教育、社会教育培养生命流动力的指标，以及与社会流动力的指标对比，揭示其中的关系。

我相信，当其中的不匹配达到一定程度的时候，灾难就会发生。

人类能否走上大同之道，关键的指标就是生命的流动力。

如何提升人类的流动力，是未来教育的头等课题。

鼓励大家来学习无分别的爱，学习元认知和元能力之道，为人类的流动力的提升做出自己的卓越贡献，帮助人类社会最终走上一条永恒的可持续发展之道。

我想，这是一件很幸福的事情。

62. 人格和技能

无分别的爱，着重培养生命的人格能力。

流动力乃万力之力，万力之源，是核心人格能力。万力之力流动到哪里，哪里就诞生相应的能力。

流动到向往，向往诞生热爱力。

流动到宏观，宏观诞生生态力。

流动到微观，微观诞生智慧力。

流动到家庭，家庭诞生和谐力。

流动到爱情，爱情诞生激情力。

流动到婚姻，婚姻诞生忠诚力。

流动到个性，个性诞生色彩力。

流动到团队，团队诞生领导力。

流动到兴趣，兴趣诞生专注力。

流动到环境，环境诞生审美力。

流动到陌生，陌生诞生创造力。

流动到人际，人际诞生沟通力。

……

那么，技能重要吗？

从做事情来说，技能自然重要，非常非常重要。做事情必须尽可能掌握高超的技能。但是，技能很容易习得，也不难精通。尤其是在这个年代，只要你想学，你都能学到。只要你真正热爱，必定能够深入掌握。

除了极个别高精尖科技领域的技能，需要特殊的天赋、特殊的技能、特殊的学习外，掌握某项技能，精通某项技能，并不是很难。

真正难的是，你足够热爱，足够相信自己，足够幸运。

……

技能只是果，人格才是因。

人生的成功和幸福，主要靠人格能力。

主要靠生命的元能力，生命的流动力。

如果你是被无分别的爱养育长大的，你的依附关系良好，生命的元能力充沛，那么这一生你什么都无须担心。

无论你出身贫寒抑或富足，幸福且成功的生活，是你此生的标配。

63. 生命成就期

童年期（6岁前），是生命的成就期。

因为，生命最重要的能力是流动力，它是万力之力，万力之源，而流动力的培养关键在童年期。

第一关键是胎儿期；

第二关键是婴儿期；

第三关键是幼儿期；

第四关键是童年期；

第五关键是少年期；

第六关键是青少年期；

第七关键是大学期间。

你至少要在孩子22周岁之前，不断给予孩子充分的无分别的爱。

其实，22周岁之后，孩子依然需要你的无分别的爱。所以，无分别的爱是贯穿一生的爱。

其中最关键的是6周岁之前的时期，80%的流动力的基础是在这个阶段奠定的。所以，童年期是生命的成就期。

青少年期也很重要，是一个有效的修复期。如果错过了童年期，千万别错过青少年期。

从这个角度讲，跟被无分别的爱养育长大的生命相比，被有分别的爱养育长大的生命，是远远落在起跑线上的。这个差距，此生是无法弥补的。

童年落后了，一辈子就落后了。

被有分别地养育长大的生命，过幸福且成功的生活，相比被无分别地养育长大的生命，要难上好多。

幸福且成功的生活的标准：

工作足够热爱；

经济足够富裕；

家庭和谐，现有家庭及原生家庭均和谐；

婚姻美满，爱情保鲜，越久越鲜；

对孩子和老人包容，无分别；

各方面人际和谐，心情愉悦；

身体健康，并愿意付出时间爱护身体；

精神自由，与万物和解。

这样的生活，处处是热爱，且生活各要素均衡流动，和谐流动。

过上幸福且成功的生活，主要靠生命的流动力，靠生命的元能力。

有的家庭，单项指标很高，如金钱、名气、地位，但幸福生活的关键不在这里。

以前有人说，童年是生命的起跑线，不要落下了，不要输在起跑线上。这句话如果是指人格能力的培养，很对。但这句话的本意，是指"技能"的培养，因此它大错特错。

技能可以有，小学、中学学的东西，数量可以多一点，质量可以高一点。但是，要真正成就一番事业，成就幸福人生，重点不在于此。

对于被有分别养育长大的孩子来说，成年后，尤其30岁之后，再来系统地学习无分别的爱，再来用无分别的爱，将自己再养育一遍非常重要。

这将是你生命人格能力的第二个成就期。所以，童年错过了，也还是有机会的。但是，这完全要看你的福气了。

最后，作为本章结尾，我想跟大家说最重要的一段话。

流动力是至善的。

流动力最为根本的特点是至善。

拿文明来讲，越是发达的地方，流动越高速。

越流动，越文明，越善良。

一旦流动受阻，文明必然衰落。

文明如此，个人也如此。

无分别的爱，为什么对个人的命运如此重要？

无分别的爱，为什么对人类的未来影响深远？

就是因为，它唤醒的是生命的至善之力。

这个世界，最善良的存在，就是流动。

第八章

中华的精神

64. 山海人格

有一天晚上，我做了一个梦：

我回到了故乡，海边的一个小山村。小山村背后是山，前面是海，海中还有一个小岛。只是，山不高，一百多米，海水呢，是黄色的，很混浊。

梦中的小山村周围，低低地飘着一层厚厚的云，看不见天空。

我抬头看着天，看着那云层，有点儿纳闷，云怎么这么低？

我看着云层，忽然云层开始快速消退。我吃了一惊，好像有什么东西要露出来。

我转头往左边一看，一下子呆住了。那是小村庄背后的山的位置，可是，哪里还有家乡的小山。我所看见的是巍峨挺拔的如昆仑山一样的高山巨脉，山上是一座又一座类似寺庙一样的宏伟的宫殿，一座接一座，接着看不见的天外。

气势恢宏，气吞万里。

我转头往右边一看，我又呆住了。那是小山村前面的海的位置，可

182

是，哪里还有混浊的海水，那里是一片无边无际的碧洋，湛蓝辽阔，令人心旷神怡。海风徐徐，海浪拍击岸边，泛起阵阵白色的浪花。海边好像聚集着一些人，他们在聊些什么。

我待在这个美丽的世界，心驰神往。

醒来后我知道，我生命的底色变了。以前的追杀绝杀的黑暗、恐怖的人格色调，已渐渐褪去。山海人格，已成为我生命的新的底色。

什么是山海人格呢？

山人格，是生命厚重的、安守的、坚持的、原则的一面。

山人格是生命向内的一面，是"和自己的心在一起"的能力。

山人格，就是生命的元认知，就是生命的依附力。

海人格，是生命活泼的、机变的、自由的、灵活的一面。

海人格是生命向外的一面，是"和外界的心在一起"的能力。

海人格，就是生命的元能力，就是生命的流动力。

山人格，是生命的守护力；海人格，是生命的适应力。哪个更为重要，更为关键呢？山人格和海人格，元认知和元能力，哪个是核心枢纽呢？

答案很明确，前者是关键，前者是核心枢纽。但是，山人格和海人格是相互促进的。

山越高，海越宽广；海越深，山越雄迈。

具体到每个人，因为禀赋不同，展现出来的也会有所不同。但健康的人格，必是山海人格。

65. 祖先崇拜

人类历史上出现过不少盛极一时的文明，走向衰败后，从历史中永久的消失了，人们只能在残垣断壁中一窥其往日的辉煌。

所有原生文明中只有一个例外，就是中华文明。它可以一次次地在逆境中崛起，一次次在衰落之后重新振作起来。

其他原生文明都是在天时、地利、人和因缘际会的情况下，实现了一时的荣光。当生存条件发生变化之后，再也无法复制往日的风采。

中华文明却可以在生存条件发生剧变之后，作出适应性调整，再次焕发新的活力。这种自我调节和涅槃重生的基因，是其他原生文明所不具备的，这也是中华文明绵延数千年，至今依然生生不息的根本原因。

为什么会这样呢？

到底是怎样的人格构成，可以支撑这样的文明的长盛不衰呢？

接下来，我们要来分析下文明的人格态，分析一下中华的人格构成，从而深入看见和理解我们民族的伟岸之所在。

若以一千年为单位，来看上下五千年，那么只有中华，在每一个单位，几乎都是世界的头号玩家。别家最多只能玩半个到一个单位，唯独中华例外，从不下牌桌。

为什么？凭什么？

这跟中华的人格息息相关。中华的人格是山海人格，是高山大海的人格。

先来说说中华的山人格。

中华山人格的第一座山，是祖先崇拜。

祖先崇拜是什么意思？

祖先崇拜跟生命对妈妈依附是完全等同的，是100%的等同的。

我们讲过，生命的第一生存本能是依附。小生命最深厚的执着是和妈妈依附。所以，中华的祖先崇拜，跟人性最深的依附执着，完全一体。

中华强大的凝聚力，植根于最深的人性生存执着的基础之上。

中华最深处的血脉，与人性最深处的生存执着、依附执着，同源同体。

中华的祖先崇拜之所以能够成立，除了因为人性最深的执着外，还有一个最重要的事实，那就是中华的祖先，是真的伟大。

中华最远古的祖先——盘古，是怎么做的呢？

盘古为子孙开天辟地，死后一切均化为子孙的生存所需。

垂死化身。气成风云。声为雷霆。左眼为日。右眼为月。四肢五体为四极五岳。血液为江河。筋脉为地理。肌肉为田土。发髭为星辰。皮毛为草木，齿骨为金石。精髓为珠玉。汗流为雨泽。身之诸虫。因风所感。化为黎甿。

中华文明的祖先的形态，是这样为子孙牺牲和奉献的形态。

如此，祖先崇拜，才能代代相传。

文明初始态的重要性，被我们后人大大忽略了。

要是盘古开天辟地后，成为统治大地的神灵，也就没有现在的中华文明了。

那样的文化，早就会在历史云烟中消失殆尽了。一如其他的古老文化一样，曲终人散了。

我每年必回家，回家必祭拜祖先陵墓。

年龄越大，了解世事越多，越感恩国家、故土和祖先。

前些天，忽然想念已过世几十年的小时候带我长大的阿太，泪湿满襟。

当我站在山顶祖先的墓前，俯瞰生我养我的这方土地时，我总有一种说不出的感动，一种说不出的情愫。

今生今世，做一个中国人，能在中国文化的浸润中长大，很幸福。

66. 悟道执着

中华文化是道文化，以悟道为生命终极追求。

中华儒释道三家。

儒家：吾道一以贯之。朝闻道，夕死可矣。道之所在，虽千万人吾往矣。

道家：有物混成，先天地生。寂兮寥兮，独立而不改，周行而不怠，可以为天下母。吾不知其名，强字之曰道。

道生一，一生二，二生三，三生万物。

道无所不在。在蝼蚁，在稊稗，在瓦甓，在屎溺。

佛家：何期自性，本自清净；何期自性，本不生灭；何期自性，本自具足；何期自性，本无动摇；何期自性，能生万法。

诸法空相，不生不灭，不垢不净，不增不减。

诸佛平等法身，从本以来，不生不灭，非空非有，离名离相，无内无外，唯一真实，不可思议，是名一真法界。

中华道文化的生命的终极境界，就是这句惊天动地的：

天地与我同根，万物与我一体。

我们讲过，生命的第一发展本能，是自爱，和自己全然依附，是和自己的心，全然在一起。

自己的心是什么？

从终极哲学和终极存在的角度，中国人早就得出了结论：自己的心，就是道。

自己的初心，就是道体。

中国人深信：不忘初心，方得始终。

对悟道的执着，是中国人生命最深的执着。

中国文化，是道文化的传承。

无论是原初的儒道，还是后来的佛法禅宗，均是道文化的主旨。

生命最深厚的发展执着，是和自己最纯粹的道心，全然依附。

所以，中华的悟道文化，跟人性最深的发展执着，完全一体。

中华强大的凝聚力，植根于最深的人性发展执着的基础之上。

中华最深处的血脉，与人性最深处的发展执着、道心执着，同源同体。

中华山人格的第二座山，是悟道执着，是悟道文化。

中华文明的道有个特点，就是终极、彻底、纯粹，直指世界的终极存在，绝对存在。

所以，中华文明的悟道文化、悟道执着，是直指人性发展执着的最深处。

67. 统一基因

我们已经说了中华山人格的两座高山，两座精神的高山：祖先崇拜和悟道执着。

结论也很清楚，中华山人格的两座高山，跟人性最深处的生存执着和发展执着，完全一体，100%等同复制。

一个文明完全符合人性之道，完全复制人格根本执着，也许只有这个，才能解释中华文明的长盛不衰。

但是，中华文明的奇特，还不止这些。

中华文明除了这两座高山，除了这两大精神执着，还有一大物质执着。

中华山文明总共有三座高山，两座精神方面的，即祖先崇拜和悟道执着，还有一座物质方面的高山。

这座物质的高山就是统一基因。

中国文化很早就有"天下"的概念。

《礼记·礼运》提出，天下一家，天下大同。

天下一家，天下大同，就是天下一统、天下统一之意。

由此可见，中国人很早就有统一天下的思想，之后又实现了物质层面的统一。

统一执着，是每个中国人的文化基因，是中国人血脉深处无可置疑的存在。

国家必须统一，是如此天经地义，天经地义到不需要做任何思考。

就像人得吃饭一样，如此自然和天经地义。

这是中华山人格的第三座高山。

国家的统一，绝不仅仅是指国土的统一，国家的统一至少且必须包括：国土的统一；政权的统一；民族的统一；管理的统一；市场的统一；文化的统一。

显然，这个时代，关于统一的工作，完成得极佳。

只要国家的统一完成，中华文明从来都是人类历史的头号玩家。

物质是极其重要的，精神和物质必须并重。没有统一的国家，就没有强大的国家；没有强大的国家，就没有强大的载体，去承载他的人民，传承卓越的文明。

从人性角度看，国家的统一，就相当于家庭的安全与和睦。

一个家庭若没有基本的安全保障，没有和睦的氛围，那么要养育健康的孩子，是不可能的。

没有家庭的安全与和睦，是养育不出富足的生命的。

如果家庭必须安全与和睦，同理，国家也必须统一和强大。

中华山人格的三座高山是祖先崇拜、悟道执着、统一基因。这三座高山都是符合人性深处的需要的，是和人性最为根本的生存和发展之道完全一体的。

68. 包容文化

中华儒释道三家并立，就是最好的文化包容的体现。

任何其他文明跟中华文明相比，都显得单一多了。

再往前追溯，春秋战国的诸子百家，百花齐放。

诸子的诸多思想，大多已汇入儒释道三家。

所以，中国人在任何的人生处境中，都可以从自己的文化中找到相应的精神支持。

三家有大致的分配，南怀瑾老师的比喻最妙。儒家是粮食店，非吃不可，没有儒家这个粮食店，社会就无法维系。道家是药店，人生病了，社会生病了，就得找道家。历史上，道家屡次承担了救世的重任。佛家是百货公司，啥都有，要啥有啥。

一般而言，建功立业，勇猛进取，有儒家。顺天安命，淡泊无为，有道家。了脱生死，追求大道，有佛家。

这也只是大概划分，这三家很多地方是融合的。道家也有磅礴的大无畏精神，佛家也讲极致的努力精进，儒家也讲明哲保身，穷则独善其身，达则兼济天下。

所以，中国人不管是更信仰哪一家，彼此关系都是和谐的。

因为，任何一家都极具包容精神。

中国文化有一个神奇的现象，就是人生再绝望都不可怕，都充满希望。

遭遇艰难困苦："故天将降大任于斯人也，必先苦其心志，劳其筋骨，饿其体肤，空乏其身，行拂乱其所为，所以动心忍性，曾益其所不能。"

遇见至尊皇帝，曰："王侯将相，宁有种乎。彼可取而代之。"

临死大声呐喊，老子20年后，还是一条好汉，没有什么了不起。

就算一败涂地，大不了从头再来。即便人生遭遇绝境，依然气势豪迈，这就是中国人的精神。

反之，人生再成功，也没有什么好得意的。《红楼梦》中一首《好了歌》，唱尽人生百味：

　　世人都晓神仙好，惟有功名忘不了！
　　古今将相在何方？荒冢一堆草没了。
　　世人都晓神仙好，只有金银忘不了！
　　终朝只恨聚无多，及到多时眼闭了。
　　世人都晓神仙好，只有娇妻忘不了！
　　君生日日说恩情，君死又随人去了。
　　世人都晓神仙好，只有儿孙忘不了！

无分别的爱

痴心父母古来多，孝顺儿孙谁见了？

人生再美满，再成功，也不要太当真。从更高的智慧看，也没有什么大不了。

中国文化教我们：人生失败，没有什么，不必执着；人生成功，也没有什么，也不必执着。

总结：中国人在任何的人生处境中，都可以从自己的文化中找到相应的精神支持；儒释道三家包容兼蓄，和而不同；人生处处不要太执着。

符合上面这三个点的，是什么特质的文化？

这个特质用一个词概括最为贴切——流动。

中国文化，汪洋恣肆，包容万物，是圆满流动的人生观和世界观。

这就是中华的海人格。

国家民族的海人格，对应个人成长，就是欲望策略（本能）的丰富性。

欲望策略（本能）越丰富，流动性越强，海人格越深厚。

从这一点来讲，中华海人格是极致圆满流动的文化人格。中国人的信仰，不是神，而是自己的文化，是平实的人生智慧。

大道无形，一切存变，只在我心。我心即世界，世界即我心。

宇宙星空，随意漫步；天地六道，自在出入；无间无隙，无来无始。

这就是中国人的精神，自在流动，圆满流动，惬意流动。

这就是中华的海人格的卓越所在。

194

山人格，是生命厚重的、安守的、坚持的、原则的一面。

海人格，是生命活泼的、机变的、自由的、灵活的一面。

中华的山人格，是祖先崇拜、悟道执着、统一基因。

中华的海人格，是包容文化。

山文化是因，海文化是果，但海文化也会影响山文化，果也会变成因。

山海互动，阴阳并济，成就中华人格。

中华的人格，就是这三山一海的人格。

是的，其他文明也有其自己的山海，但唯有中华文明的山海，是与人性最深处的山海，与人性最深处的需要和执着，百分百对应的。

为什么上下五千年间，中华文明是这个世界的永恒的头号玩家？

答案很简单，因为她是最符合人性的文明。

作为中华子女，我们要重点弘扬中华三山一海的山海人格，让卓越伟岸的山海人格、山海文化，在新时代以新的方式彻底复活，彻底苏醒，乃至大成。

这三山一海，是中华文明的人格之髓，重中之重。

只要将这三山一海传承好，中华文明世世代代，都会成为地球文明的头号玩家。

直至有一天，人类大同。

69. 家国情怀

中华三山一海的人格构成：祖先崇拜、悟道执着、统一基因、包容文化，自然诞生中国人的家国情怀。

我渐渐年长，日益发现自己身上的家国情怀，很深很浓。

我自己理解，这是一种很深沉很深沉的爱。

爱自己的国家，爱自己的民族，爱自己的土地，爱自己的文化。

爱这里的人，爱这里的一草一木，爱这里的过去、现在和未来。

我想，家国情怀的背后，是对这个文明和文化的发自灵魂深处的热爱，是发自灵魂深处的自信和骄傲。

因为这个文明的山海，和人性最深处的山海，丝丝入扣般的符合。所以，这个文明是最容易和人心建立深厚的依附的。

这个依附建立的结果，就是家国情怀。

我在分析中华山海人格的时候，自然得出一个结论：中国人，是世上最团结、最有凝聚力的人种。

就是因为，中国人血脉深处浓重的家国情怀。

中国人的团结和凝聚力，在灾难爆发的时候展现得淋漓尽致。

看看中国近代史，遭遇这种灾难处境的民族，竟然还能重新站起来，就是因为有一大批人，敢于为国家、为民族，抛头颅，洒热血。

我在这个国家生活，每一处每一刻，都能闻到浓浓的家国情怀。

如果我是诗人，那么，家国情怀就是美酒。

我喜欢这味道，我陶醉于这味道，它是如此醇厚。

我就这么守着这份醇厚，守着这份内心久久不散的温暖和感动。

我真的好喜欢这杯美酒，这份内心的守望。

估计我做中国人，已经超过百生百世了。

所以，灵魂深处的家国情怀才如此深厚。

前世的我，也许是不拘一格的工匠，也许是保家卫国的将军，也许是与众不同的禅师，也许是木讷的书生，也许是典型的士大夫，也许是……

不管我是什么身份，我都是一个中国人。

我爱这个国家，爱这片土地，爱这个文明。

愿来生，再生于中华的土地；愿来生，再生于古国的河岸。

让我生生世世拥有中国的稻田和周天子的雪山。

守望宁静的家园。

守望中华文明。

70. 独立之路

就个人成长而言，无分别的爱养育的，是人格圆满的生命。

人格圆满的生命，是注定要走属于自己的路的。

对于被有分别的爱养育长大的生命而言，这是极难理解的一件事、一个存在。

人为什么要走自己的路？照搬别人的路行走不也很好吗？不是更好吗？

就照××的路子走，我看这样最好。

你要平庸，你要落后，照搬别人走就行。照搬别人走，成就注定不会大。个人如此，国家也是如此。

中华山海文明，是人格圆满的文明。

人格圆满的文明，是注定要走属于自己的路的。

这是中华的宿命。

如同人格圆满的生命，注定要走属于自己的路。

圆满的宿命，就是独立，就是与众不同。

对于中华来说，每一次涅槃重生，都是如此。

对于中华来说，她的宿命，她的基因就是必须走与众不同的路。

你，必须走，属于你自己的路。

卓越的个人如此，卓越的国家也如此。

人世间，无论是个人，还是国家，不走自己的路，只会走向平庸。

要理解这一点，没有对人性真实深切的洞察，是很困难的。

现在的中华，基本已经走出属于自己的道路来，民族的伟大复兴指日可待。

从人性的角度看，一个伟大的文明，若照搬他人的东西，就只有死路一条。

这不是什么科学，这是冥冥之中的天意。

老天给了你这么好的资质和禀赋，你竟然还要去走他人的路。

老天爷会惩罚你的。

同理，老天爷给了你这么圆满的小生命，你竟然要求他不要走属于他自己的路，你竟然要求他从众，那么，老天爷会惩罚你的。

所谓的人格独立，所谓的精神自由，不是看书、上名牌大学、受后天"厉害"教育习得的，而是妈妈数十年如一日的高质量的陪伴和付出，养育出人格圆满的生命，是自然诞生的。

人格圆满的人，才会人格独立。

庄子的《逍遥游》对独立人格有一段精彩的描述："举世誉之而不加劝，举世非之而不加沮，定乎内外之分，辩乎荣辱之境，斯已矣。"

要达到这样的人格独立的境界，童年的养育是关键所在。

中华文化，历来是在外来文化的冲击下，不断融合，完善壮大的。数千年如此，现在也如此。历史在告诉我们现在和未来。

中华的路，就是在融合外界优秀文明的过程中开辟出来的。这个兼容并蓄的过程并不容易。文明的融合，从来都是没有任何先例可以照搬的。

尤其是，这次跟西方文明的融合，其困难程度类似南北朝的民族融合。南北朝，中华历史上第一次民族大融合，花了169年（南朝420—589年）。中西方融合，从1840年到2009年，也是花了169年。

如果这个时间长度是这个档次、这个层级的大融合需要的时间长度，那么，从时间上看，融合的任务已经完成了。

换句话说，中华复兴已经到时候了。在我看来，中华复兴其实已经完成了。只是还需要通过几场考试，证明一下罢了。

那么，未来是什么文化的天下呢？对于我来说，这个问题不重要。

把源于中华最优质文明的无分别的爱弘扬天下，才是我的使命。

71.　法脉渊源

无分别的爱的法脉，是中华传统儒释道文化的精华。

核心是《易经》中的这句话："一阴一阳之谓道。"

"一阴一阳之谓道"，里面有四层意思。

阴，为道，阴之道。

在无分别的爱中，就是"小我"的元认知之道，阐述人性的阴面。

阳，为道，阳之道。

在无分别的爱中，就是"大我"的元认知之道，阐述人性的阳面。

阴阳流转为道，和之道。

在无分别的爱中，就是生命的元能力之道，阐述生命的流动力。

超越阴阳的，为道，绝对之道。

在无分别的爱中，就是"真我"的元认知之道，阐述绝对存在。

四层道，涵盖儒释道文化的精华，是无分别的爱的主要法脉。

再具体来说，我们从儒家汲取的主要是"易"的精神。

"易"即变化。世事唯"易"，唯有变化是永恒的。只是这"变化"的要点，在于万事万物的时空前提性。把握住时空前提性，就能把握住"易"的精髓。把握住这个，就能"天行健，君子以自强不息"。

我们从道家汲取的，是"万物负阴而抱阳，冲气以为和"的阴阳平衡思想和"流动第一"的哲学信念。一切都在流动，一切都在走向平衡。只要流动，就是至善。

我们从佛法中汲取的，主要是"应无所住而生其心"的禅宗精神，以及"相信生命本来圆满，人人原本是佛"的人性至善、至为平等、至为圆满的信念。

我问过自己很多次，这三家哪一家对我影响最深。细细思索后，发现基本差不多。

刚开始，我偏重佛法的精神，但随着研究的日渐加深，我日益提倡道家和儒家，最后三者渐趋平衡。

不同的人，在接触无分别的爱的不同的部分和侧面的时候，会感受到不同的思想的召唤，这也是无分别的爱独特的魅力之一。

无分别的爱，是传统文化的思想精髓在新时代的创造性的应用、发展和生长。

除了中国传统文化对我影响至深外，第二个影响我很深的，就是西方的心理科学的思想和精神，尤其是精神分析的思想和精神。它相信人的一切都是有来由的，而童年是其中最为重要的部分。

这个思想，其实和中国文化的内在精神是符合的，只是西方的陈述更为系统和专业。但精神分析的问题在于陈述过于烦琐、冗长、拖沓，很容易只见树叶，不见树木。

传统儒释道的古老智慧，给了无分别的爱深邃辽阔的魅力，那是智慧的魅力。

西方精神分析的科学精神，给了无分别的爱严谨规矩的特质，那是科学的特质。

智慧和科学的结合，在这个时代因缘际会，经由我手，诞生出无分别的爱的人学思想体系和方法体系，以及相应的概念体系。

一路走来，要感谢的人和事太多太多。我要做的就是把上苍给予我的这份幸运、这份守护，带给更多的生命，带给更多的家庭。

72. 时代机缘

无分别的爱，是中西文明精华的结晶。

只是它为什么会不早不晚地诞生在这个时代？

道理很简单，因为人类即将进入智能时代，进入新的科技爆炸时代。

这个新的时代，越来越迫切地需要无分别的爱，它一直在召唤无分别的爱。

一个时代需要相应的思想文化保驾护航，否则，人类会在自我撕裂中毁灭一切。

百年内，无分别的爱会成为人类家庭教育思想的主流。

中华即将崛起。中华的崛起，最终必将是思想文化的崛起。

我们要向地球文明输出的，除了优质的工业品，还有一流的思想文化产品。无分别的爱会成为中华文明的输出之一。

地球文明要进入智能时代，没有无分别的爱的家庭教育思想的流行，人类很容易在科技爆发时代迷失自我，灵魂会失去前进的方向。

第一次、第二次世界大战，就是因为人类的家庭教育思想，没有跟上人类的物质科学的发展。

在哭声免疫法和冷漠养育法中长大的几代人，成人后会成为世界大战最好的、最积极的挑起者、发动者、怂恿者、鼓动者和参与者。

哭声免疫法和冷漠教育法，培养了海量的天然憎恨人类、天然反对人类、天然自带强烈毁灭本能的战犯，因此给人类文明带来了灾难性的后果。

家庭教育从来都不是家庭个体的事情，它对社会的发展有着极为深远的影响。

因为，人类的人格是只能在家庭教育中被塑造的。

在我们看来，**家庭教育的质量才真正代表人类文明的质量**。

从这个角度看，目前人类文明的水准，还处于非常低级的阶段。

未来科技的繁盛远超百年前，人类更加没有犯错的空间。如果家庭教育水平跟不上时代的发展，如果我们继续塑造海量的毁灭人格的生命，那么我们扪心自问：我们何以有信心，不重蹈百年前的覆辙？

救赎人类，最根本的还是要从家庭教育入手。

唯有无分别的爱的流行，才可以改变人类命运的轨道，避免人类深重的自我毁灭的灾难重复上演。

无分别的爱是智能时代人类自我救赎的需要，是人类文明应对科技大压迫的急切的需要，是人类的思想软件必须匹配自己的物质硬件的需要。

第九章

无分别的爱

73. 基本定义

无分别的爱，是以圆满人格为目标，养育自己和养育孩子的学问。

以圆满人格为目标养育自己，需要时时看见、表达、理解、允许、相信、帮助、平衡、发展自己的欲望和策略，需要时时和自己的心在一起。

以圆满人格为目标养育孩子，需要时时看见、表达、理解、允许、相信、帮助、平衡、发展孩子的欲望和策略，需要时时和孩子的心在一起。

无分别的爱，需要因时因地，兼顾自己的心、孩子的心、外界的心，在自己的心、孩子的心、外界的心之间，达到一种动态的流动的平衡。

所以，无分别的爱又名"和心在一起"。

无分别的爱，一方面是价值层面（哲学层面）的彻底的无分别，表现为对生命的一切欲望和策略，都予以积极评价，认为一切都是好的、合理的。

一切都是好的，即一切都是不好也不坏的，都是中性的。

无分别的爱，另一方面是应用层面（生活层面）的极致的分别，表现为看见每个当下各方的欲望和策略，分析具体时空前提下各方的欲望和策略的合理性，再决定具体回应和介入之道。

欲望和策略，即"心"。

无分别的爱，需要你离自己的心、离孩子的心、离外界的心，都很近。

这其中离自己的心很近，能清楚地看见和深刻地理解自己的心，这一点是关键。

无分别的爱，从根本上讲，是一个人养育自己的人性的学问。

无分别的爱，养育的是丰富生态化的生命。

丰富生态化，即圆满人格。

人本圆满，知无分别。

这就是无分别的爱。

74. 基本关系

无分别的爱和有分别的爱的关系。

在价值观、世界观层面，无分别的爱不生道德批判，不起人格评价，认为一切存在都有其价值，都有其合理性。有分别的爱则偏见很深，动辄升起道德批判和人格评价。一旦升起道德批判和人格评价，生命就很容易固着。

在日常生活应用层面，无分别的爱是极致的分别，是极致的有分别的爱。

一切科学都是分别，所以，无分别的爱也是极致的科学。

科学的精神，就是具体问题具体分析。因此，无分别的爱也不轻视有分别的爱。在具体某个点上，有分别的爱或许也有值得学习和借鉴的地方。

育己育人的学问，涉及面很广，包括但不限于教育学、心理学、医学、历史、哲学……所以，无分别的爱是需要生命终生不懈地学习的。

知和行的关系。

人本圆满，知无分别。无分别的爱，强调"知"。但"知"来源于"行"，"行"才能真正"知"。没有"行"，怎么"知"？唯有"行"，才能真正暴露出潜意识深处的欲望和策略。

另外，判断"知"是否到位，"行"才是标准。"行"没有改变，没有到位，说明"知"远远不够。

无分别的爱，是世间修行之道。真正的成长者，做事不行，那是绝对不行的。

"知"真正到位的话，"行"是肯定会真正改变的。所以，"行"是"知"最好的考核标准。

只有"行"，没有"知"，绝对不"行"。

只有"知"，没有"行"，绝对无"知"。

"知"可以帮助"行"，"行"可以帮助"知"，知行一体。

有时要侧重"知"，有时要侧重"行"，缺一不可。

根本上，知行合一，知行一体。

"知"和"行"，缺一不可，相互增益。

心和事的关系。

无分别的爱，强调和心在一起。

但没有事，哪有心？

和心在一起，不也是为了把事情做好吗？

没有事的成功，要心成功是不可能的。

所以，心和事是平等的。

很多时候，要"和事在一起"，不要"和心在一起"；很多时候，要"和心在一起"，不要"和事在一起"。

从更广泛的层面而言，这个"事"也是"心"的一部分。

潜意识和明意识的关系。

无分别的爱，强调潜意识的转变。

只有潜意识转变了，才是真正的转变。

但是没有明意识的帮助，潜意识是无法自行转变的。

明意识是极其重要的，尤其是一套科学的关于人性的逻辑体系，对于潜意识的疗愈极其重要。

明意识是指挥员，控制方向盘，控制力量往哪个方向流动。

潜意识是能量，是信息，是资源，是发动机，是力量体，它是需要明意识的引领的。

明意识和潜意识是互动的，双方都会告诉对方一些很重要但对方不知道的信息。所以，有的时候是明意识重要，有的时候是潜意识重要。总体而言，两者是平等的，是互相需要、互相配合的。

我们提倡无分别的爱，提倡"人本圆满，知无分别"，也尊重世间所有其他的倡导。

万事万物，都有其独特的价值。

哪怕是有分别的爱，我们也要尊重。

哪怕是机械式的养育视角，也自有其具体时空下的价值。

人世间所有策略，都是有其特定时空下的价值和意义的。

所以，无分别的爱是尊重所有，学习一切的学问，是和万物和解的学问。

75. 人学体系

无分别的爱，是关于人性的学问，又被称为"人学"。

核心理论：依附理论、回归理论、三我理论、圆满理论。

核心概念：安全感、欲望策略、时空前提性、匹配、自爱、索爱、单重心、双重心、内高外低、生态化、生态力、生态跃迁、神圣情感、纯粹痛苦、万物和解定律、婴儿误解、元认知、热爱驱动、恐惧驱动、第一热爱、追杀效应、绝杀效应、污染效应、元能力、人格能力、生命成就期、山海人格、阴德、阳德、本德、纯爱、真爱、非爱、五大复制、七大情结、生命疗愈全息链条、婴儿法则……

核心方法：五大字诀、十大法则。

本书作为一本哲学范式的思想著作，基本定位是概论，简要介绍无分别的爱的理论和概念的某些部分，但没有涉及具体方法。

以后有机会，会出版更加系统、全面的理论著作。上述的很多概念，都需要至少一本专门的著作才能阐述清楚。尤其是依附理论、回归理论等，就算写上百万字，都不一定能阐述清晰、完整。

当然，这只是目前的研究成果，我永远不知道，下一秒钟我还会发现什么。

我是2004年开始创业的，先从幼儿教育入手，之后进入青少年教育领域，再之后进入家庭教育领域。2011年，正式提出了"无分别的爱"的养育理念。

我于2004年年底起，开始系统阅读南怀瑾老师的关于中国文化的著作。这些著作彻底唤醒了我生命中沉睡的智慧和情感，于是我开始深入中华文化之道。借此机会，感谢南怀瑾老师。南老师于2012年中秋辞世。这辈子，虽无缘和老师见上一面，但是这份恩情，一直留在我的内心深处。斯人虽逝，心灯已燃。我想，这是纪念和感谢先生的最佳之道。

在日常的各项教育工作的深入实践中，领悟中华文明之妙，是最佳的成长之道。

在此过程中，青年时期在北大求学时接受的严谨的科学思维和逻辑追问的训练，开始自动发挥作用。

我会不停地追问自己，质疑自己，然后实践，找答案，提炼，再追问，再质疑，再实践，再提炼……

我独自一人，以自己的身心实践为基础，以和学生的互动教学效果为基础，开始走上对"无分别的爱"的学问的严谨的科学研究和经验实证之路。

家庭教育，是一门严谨的科学。因为我发现，人性是严谨的，是有逻辑体系的。

我经常在一秒钟内推翻过去的所有结论，也经常在一秒钟发现苦苦思索良久不得突破的答案。我根本不知道，下一秒钟我又会发现什么、怀疑什么、突破什么……黑暗、郁闷，是研究生涯的常态；狂喜、欢欣，也是研究生涯的常态。

如此，直到2020年，16年下来，倒也渐渐蔚为大观。

无分别的爱，既是极致的哲学，又是极致的科学。对于我来说，只是刚刚上路而已。我和大家一样，是一个学生，是一个研究者。学无止境，行更无涯。

未来要做的事情很多，希望有更多的伙伴加入，我们一路同行，共同为这个世界的美好，做出自己的一点贡献。

76. 家庭与学校

很多人问我："林老师，我在家里无分别养孩子，但是学校不是这样的，怎么办？"

无分别的爱，是家庭教育理念，侧重人格养成，而学校是侧重技能养成的。所以，这两个并不矛盾，二者分工不同。

现在的问题是，家长认为人格养成的任务，也是由学校来完成的。问题是，学校也这样认为。这就严重不对了。双方都没有搞清楚自己的定位。

家庭以学校的方式养孩子，认为学校这么管教孩子，家庭也应该这样管教。然后出了问题，又要求学校，以家庭的方式来对待孩子。要求学校要理解孩子，给孩子自由，给孩子爱，等等。

学校呢，也要求家长，以学校的那一套，来管教孩子。孩子没有做到，就继续严格要求家长，要求家长加大管教力度，继续在家庭中沿用学校的那一套来对待孩子。

他们都不清楚，家庭教育和学校教育完全是两回事。

归根结底，是因为我们现有的文明层级太低。

在我们目前的文明等级中，根本就没有家庭教育的地位。

有百万级别的人，靠会计这一职业吃饭；有百万级别的人，靠工程师这一职业吃饭；有百万级别的人，靠音乐吃饭……但没有人，靠家庭教育吃饭。

到了有百万级别的人，靠家庭教育吃饭时，人类文明才有能力去星际遨游。

学校只能侧重技能养成，有严格的纪律，严格的规则，什么能做，什么不能做，限定得很死，自由的空间很少。

掌握技能也是不容易的，也是有规律在里面的。

这样做，就叫作专业，而不是和家庭教育矛盾。

学校（除极少数的顶尖学校）的教育思路，只能是侧重技能养成的思路。

就这一点而言，中国的学校大体上，是做得不错的。

相比之下，中国的家长，中国家庭的人格教育，是严重不到位的。

中国的基础教育还是很不错的，出大问题的、严重落后的，是家庭教育。

当然，有条件的情况下，学校的教育人性化一点，老师对孩子多些理解和关爱，自然没有错。但是，这不能混淆学校教育和家庭教育，两者是截然不同的两个定位。

我自然希望，以后在学校教育中能加大元认知和元能力的培训。

但这是很难的，除了极个别私立学校，很难大规模推行。

当然，如果有条件、有机缘，花径会开办这样的学校，这也是我们的使命。但这需要机缘。

学校教育尤其是公办教育，重点还是在于培养大规模的合格的技术人员。

类似元认知和元能力的这样的人格培训，主要还是靠社会教育。

大家各自分工，把各自分内的做好，相安无事，相得益彰，如此最好。

77. 第一关系

又有很多人问我："林老师，我在家里无分别养育孩子，但是我爱人不是这样的，怎么办？"

无分别的爱，你一个人做到就足够了。无分别的爱，也只需要你一个人做到。这是无分别的爱最神奇、最富魅力之处。

在家庭中，给予家人无分别的爱，这个爱先给谁，谁第一重要，这个问题极为重要和关键。

第一步，把无分别的爱，给予你的爱人。

第二步，才是把无分别的爱，给予你的孩子。

怎么给予你的爱人？

要允许你的爱人，以和你不一样的方式来养育孩子。

也许你会说，他明明就是错的，而且大错特错。但是，这只是你的主观判断。就像在你爱人眼里，明明是你的错。

所谓对错，都是很主观的个人判断。

其实生命重要的是，即使是错的，你也要允许别人犯错。

人，有犯错的权利。

也许你会说，这个错误很严重，绝对不允许。

除非有暴力伤害孩子的情况，需要你挺身而出，其他情况你真的需要允许你的爱人以与你不同的方式养育孩子。

你能允许你的爱人犯错，能接纳爱人以与你不同的方式养育孩子，夫妻关系，家庭氛围，一定会好很多。

你们的夫妻关系好了，家庭氛围好了，无分别的爱的教育自然就到来了。

你一定要给足你爱人面子、包容、爱和欣赏。

这才是无分别的爱的真谛。

你允许你的爱人以与你不一样的方式养育孩子，你们的感情好了，夫妻恩爱，家庭和睦，爱的流动就来了。

这种情况下，时机合适，劝劝你的爱人，他也一定很愿意接受你的建议。

要相信，你的爱人也是深爱孩子的，所以很多时候，他也在试验和反省。你要是不反对他，很多时候，他自己就反省出自己做得不妥之处。但是你一反对，事情就起变化了，就变质了。就从教育问题变成夫妻关系问题了。你爱人的精力和心思，就用在如何与你博弈上了，对孩子的教育也没啥心思反省了，这样反而固化了。

也许你还在执着，说虽然不是暴力伤害，但那种伤害也很大。

这种情况下，你私下给孩子做些补救和补偿工作，同时替你的爱人做些必要的解释工作，这一套工作做下来，基本上很多孩子内心的疙瘩差不多就解开了。

也许你就是不愿意替爱人解释和道歉，你觉得他不可理喻。这种心情也能理解，确实，有的时候转变一个人的思想是不容易的。别太着急，慢慢来，无分别的爱是有一套系统、深入的方法帮你走进来的。

真正懂了人性，搞好夫妻关系并不难。不要把孩子，放得高于你的爱人。要把你的爱人，放得高于你的孩子。夫妻恩爱，家庭和睦，孩子才是最大的受益方。

实行无分别的爱，夫妻关系是第一重要的，是第一目标。好好爱自己，好好爱你的爱人，才是无分别的爱的第一要义。

当一个人，以无分别来爱自己、爱家人时，整个家庭的生态系统就会慢慢转过来。从原来的冷漠、冰冷、硝烟弥漫，自然变得越来越温暖、和谐、相爱。

家庭生态系统中的每一个人，都会越来越丰富，越来越生动，越来越相互吸引。

记住，你一个人转变就够了。你转变了，整个家庭自然会围绕着你转变。这就是无分别的爱的神奇和魅力之处。当然，自己转变也是很不容易的。要给自己时间，给家人时间。

学习无分别的爱，要真正有所成，需要以十年为单位来学习。

因为，要真正转变潜意识，真正搞定追杀绝杀，没有十年的时间，绝不可能做到。

真正掌握无分别的爱，比拿一个博士学位难多了。

因为，真正掌握无分别的爱，意味着你会拥有第一流的幸福生活。

78. 人格获胜

农耕时代只有360行，显然，你没有什么选择的余地。你只有被选择的命运。所以，迫不得已，你必须按照人家设定的标准去学习，去努力。

工业时代，3600行，这个时候，你选择的余地大了很多，但空间还是不大，你还是被选择的命运。所以，迫不得已，你必须按照人家设定的标准去学习、去努力。

互联网时代，36000行，这个时候，你其实已经自由了，但是你的父母认为，你还是被选择的命运。所以，坚持让你接受标准化的教育，让你按照标准来努力。

接下来，人工智能时代，360000行，按标准化教育成长的一代人，到了这样一个选择极其丰富的时代，大概率是会直接疯掉的。

为了保护自己，不让自己发疯，最好的方式就是不做事。

现在已经出现整天宅在家里打游戏、追剧的荒废的一代人。

反正也饿不死，也无法适应，就这样废掉好了。

以后，被标准化养大的孩子中的很多人会成为废物。

《未来简史》的作者尤瓦尔·赫拉利（Yuval Noah Harari）在书中预测，随着人工智能的加速进化，未来99%的人类将变成"无用之人"。

我虽然不大认同他提到的这个比例，但是，他说的这个趋势是对的。

被有分别的爱（严格标准）养大的孩子，未来有很大的概率会成为"无用之人"。

未来是什么时代？

未来是标准化的东西越来越不值钱的时代。

这个"标准化"，包括但不限于，标准化的教育（文凭教育），标准化的服务，标准化的思想，标准化的产品，以及标准本身。

就拿名校文凭的价值而言，从20世纪80年代到21世纪初期，含金量下降了多少？20世纪80年代的名校毕业生，是冲着国家民族的脊梁乃至国家领导人去的（所谓"天之骄子"）。现在呢？能找到一个解决北京户口的工作，就是了不得的事了。名校的毕业生都如此，更何况普通人呢？

世界的发展已经一日千里，我们的大脑还停留在遥远的只有360行的农耕时代，我们还活在依靠标准、依靠别人认可才能活下来的年代。

未来是非标准、非竞争的时代。

什么是非标准？

就是没有成功的标准人格。

就是什么样的人格都可以成功。

但是你需要，淋漓尽致地展现你的人格魅力。

你无须跟别人比较，无须在意别人。你只需在意，你是否做好了自己。

活出自己的极致的人格魅力，才是标准。

活出自己的极致的人格魅力，你必将成功。

什么是非竞争？

你不必太在意市场已有的产品和服务，你要在意的是，你能不能创造出市场没有的产品和服务。

你不必太在意竞争对手的动作，你需要在意的是，你有没有建立起属于自己的生态圈。

只要你建立了属于自己的生态圈，成功就必然属于你。

凯文·凯利说，未来有1000个"粉丝"，你就可以活得很体面。这1000个"粉丝"就是你的生态圈。所以，你不必跟别人竞争，你只需要做好自己。

怎样才能做到非标准、非竞争？或者说，怎样才能活出极致的人格魅力，怎样才能建立自己的生态圈？

你必须足够了解自己，足够热爱自己。

你必须知道自己的热爱，还要有为了自己的热爱，全身心投入的魄力和能力。

你必须是一个热爱驱动的生命。

你必须是一个恐惧驱动很少的生命。

所以，未来是无分别的爱养育的生命竞争获胜的时代。

未来是人格圆满的生命竞争获胜的时代。

"非标准、非竞争"的社会，是这样一幅图景：

大海波涛汹涌，深不可测，没有指南针，没有码头，也无处下锚，这条船该如何行走？

你的孩子的生命之船，该如何在这样一个没有标准的时代航行呢？

他必须以自己的心为指引，以自己的心为锚。

唯有无分别的爱，教你的孩子，以自己的心为指引，以自己的心为锚。

唯有无分别的爱，让你的孩子形成这样的思维模式：我自己才是唯一的标准。

其实，在任何一个时代，无分别（无标准）的爱都是最好的爱。

但是，唯有在人工智能时代，这是人类历史首次，人的个性化的需求，与人类生产力的需求相一致。

所以，无分别的爱，将在百年内成为家庭教育的主流。

你越早看见这本书，越早学习和践行无分别的爱，就越早抓住领先时代的机会。

人生中这样的机会，抓住一个就足够了。

79. 热爱自己

无分别的爱养育的生命，是怎样的生命？有很多词汇可以形容它。

看得见自己的心，听得见自己的心的生命；

倾听自己的生命；

离自己的心很近的生命；

完成丰富生态化的生命；

圆满人格的生命；

单重心内在高评价、外在低执着的生命；

知道自己想要什么的生命；

自爱安详的生命；

自爱圆满的生命；

温暖喜悦的生命；

幸运有福的生命；

……

我想用这个词汇来形容这样的生命：热爱自己的人。

无分别的爱养育的是热爱自己的人。

一个热爱自己的人，必然是了解自己的人。

一个热爱自己的人，必然是把了解自己放在第一位的人。

一个热爱自己的人，是尽力了解所有的自己，并接纳所有的自己的人。

一个热爱自己的人，是把倾听自己的声音，是把发现自己的声音，是把遵从自己的声音，作为生命头等大事的人。

外面的声音，实在是太庞杂、太强大了，所以，养育倾听自己、热爱自己的生命实在太不容易了。

要养育这样的生命，只需要一个前提：养育者本人，成为热爱自己的人。

无分别的爱的理念，养育的是热爱自己的生命体。育儿先育己，先要让自己成为热爱自己的人。所以，无分别的爱，首先是养育者自我养育的学问。

这世界上，99.99%的生命都在倾听别人的声音，都在等待别人的挑选，都在时时都在拷问自己是否符合外界的标准。

一个热爱自己的人，就是那仅有的0.01%：

他以自己的标准，为全世界的标准；他生下来是来创造一个新世界的；旧有的东西，对他而言并不重要；对他而言，重要的只是，他相信自己的人格的丰富和独特，足以创造崭新的世界。

一个人热爱自己，必然热爱生活，热爱工作，热爱家庭，热爱社会，热爱大自然，热爱全人类，热爱全宇宙。热爱全世界所有的存在。

他的心是安宁的，幸福的，愉悦的。哪怕在遭遇人生重大挫折的时候，他的生命的底色依然是安宁的，幸福的，愉悦的。仿佛于他而言，这样的挫折，这样的挑战，依然是人世间美好的一部分。

是的，他的一生，一如常人，会遭遇很多的挑战和挫败。但是，因为有一份自己对自己的热爱的陪伴，他也许会孤单，但从不会迷茫。

面对人生的风风雨雨，他总有一种无法言说的从容和宁静。因为，他是点燃心灯的人。

这份自己对自己的热爱，就是他给自己点亮的漫漫人生旅途中的一盏心灯。

无论黑夜，无论风雨，心灯点燃，照亮来时路，照亮当下路，照亮前方路。生命有这盏永恒的明灯陪伴，他的心是安宁的，幸福的，愉悦的。

他是他自己的守护神。

80.　福德之学

无分别的爱，是一门怎样的学问？又有很多词汇可以形容它：

哲学；

教育学；

心理学；

人学（人性之学）；

生命教育之学；

生命成长之学；

夫妻关系之学；

人际关系之学；

家庭关系之学；

身心疗愈之学；

家庭教育之学；

……

这些都没有错。

但是，在这里，我想这样形容它：无分别的爱，是转命运之学，是生命福德之学。

被无分别养育长大的生命，身上有一种说不出的光华。那是生命的福瑞之相。

今生能被无分别养育，自然是一种无上的福气。福气多了，生命自然会呈现福瑞之相。

养什么，都不如养一个有福气的生命。无分别的爱，养育有福气的孩子。

道理在哪里？

无分别的爱可以让你清晰地看见自己孩子的遭难。你能看见你的孩子遭难，你的孩子自然就会离苦难越来越远。

你有能力看见孩子遭难，就意味着，你能看见自己的错误。你得先知道自己错了，你才能改。

你认为自己很对，是的，你确实很对，但是，这毫无价值，毫无意义。

看见孩子遭难的能力，才是改变命运的第一重要能力。

渐渐地，你的孩子离苦难越来越远。苦难走了，福气自然就来了。福气多了，福瑞之相就成形了。

所以，转变命运，从有能力看见生命的苦难开始。

当苦难远离你的孩子，远离你的家庭时，命运之轮自然就转换轨道了。

童年苦，一辈子苦。

艰难岁月，童年铸就。

童年福德，一辈子福德。

美好生活，童年奠基。

不要以为这是玄学。

这是最深的人性之学。

81. 致敬祖先

在本书的最后，我想把一直藏在内心深处的荣耀和感激，敬献给中华民族卓越的先人们。

在中华五千年的文明长河中，不知有多少先贤、圣哲和大德，跟我们耐心地倾诉了，他们所有的智慧的心声。只是很多时候我们没有理会，没有用心倾听，这来自远古的祖先的关怀。

不过，祖先不会埋怨我们，不会放弃我们，他们只会怜惜地注视着我们，继续一遍又一遍、不厌其烦地提醒我们。

我想，我们终于开始听到了！

我们终于开始慢慢回头，开始学习思索，学习珍惜，学习敬畏。终于，我们开始尝试着把这份思索、珍惜和敬畏，化成内心的虔诚，化成探索的行为，融入到日常生活中。逐渐地，使祖先的智慧，使生命的使命，在新的时代以新的形式、新的境界崭新复活，再次弘扬。

如此，我想，这才是对祖先的最好的继承和最高的致敬。

如此，我想，我们才不辜负祖先的博大深久的爱啊。

正如本书，完全是在祖先慈悲的智慧浇灌之下所生长出来的一条充满诗意的花径而已。这条花径能帮助生命，在一个新的时代，从一个新的视角，更好地理解生活，更好地行走人生之路。

对于我来说，在探寻生命本源大道的路途中，已记不起有多少次因先人的智慧和德行心旌荡漾，神醉魂迷，热血沸腾，心中升起强烈的幸福感。

我为自己是中华文明的后人而深感幸运。

作为一个中国人，我无数次感受到，拥有众多智慧过人的先人是如此自豪，也享受到了生命无上智慧的启迪和灌溉。

中华文明给予生命的启迪和震撼是世界上任何一个国家、任何一个文明都无法比拟的。

为我们是伟大的中华文明的后人而无限骄傲吧。

我经常静静地，感受着智慧的旋律，从祖先的血脉中，静静地流淌出来，越过数千年时光，静静地流淌到我的身体内，流淌到我的血脉里，流淌到我的生命中。

心灵被无数次唤起，被激越无数次淹没。我是如此真实地感受到了那无限的博大，那无限的深沉，那无限的爱和包容，那无限的理解和微笑……我知道，那就是绵延五千年的文明的命脉。

这本书，是一座小小的桥梁，跨越千年岁月，迎接祖先亘古照耀的荣光。

后记

缘起

无分别的爱，是我在探索家庭教育最根本规律的困苦的研究过程中，于2011年年底明悟并正式提出的。曾经，我在家庭教育的研究过程中，陷入种种方法的海洋中，看不见天空和大地，但是，随着"无分别的爱"的理念的提出和日渐完善，整个世界，在我的心中，越来越简单和透明。

对于我来说，一切智慧的源泉，来源于生命成长，来源于自己和自己心灵的沟通和交流。其实，我很少看教育方面的著作，我也很少看成长方面的著作，我只是把大量的时间，花在和自己的心灵的沟通和交流上。这些年，她给了我几乎全部的有关生命教育、生命健康和生命成长等重要问题的答案。

所以，虽然，"无分别的爱"的爱的理念一开始是在家庭教育领域提出的，但几乎同时，我明悟到，生命教育、生命健康和生命成长的方方面面都必须弘扬"无分别的爱"的理念，都是"无分别的爱"的

235

道场。

无分别的爱，是花径所提出的生命教育、生命健康和生命成长理念体系的旗帜和宗旨。

分类

无分别的爱，从对象层面而言，分为无分别地爱孩子、无分别地爱自己、无分别地爱他人。

无分别地爱孩子，就是生命教育，家庭教育是其中最重要的一部分，还有另一部分，就是幼儿园和学校（中、小、大学）的教育。

无分别地爱自己，就是生命健康，即所谓的"提起"，所谓的"疗愈"自己。

无分别地爱他人，就是生命成长，即所谓的"放下"，所谓的爱众生。

这其中，无分别地爱自己，处于核心的地位。一个人，只有无分别地爱自己，才有能力做到无分别地爱孩子和无分别地爱他人。

关于如何爱孩子、爱自己和爱他人的学问，即无分别的爱。

内容

无分别的爱的对象，是人。孩子、自己、他人，都是人。

是人，就有人性。

人性是什么，很简单，人性有善，有不善（不用"恶"这个字，不妥）。

或者，用东方的语言，人性是什么，阳（善）和阴（不善）。

世间人有分别，只爱善，只爱阳，只追求善，只追求阳，讨厌不善，讨厌阴，躲避不善，躲避阴。

无分别的爱，对人性的善和不善，对人性的阳和阴，统统爱，统统接纳，统统尊重、理解和信任。

比如，世间人分别：笑是善，哭是不善，开心是阳，难受是阴。世间人人追求笑，追求开心，厌弃哭，憎恨难受。无分别的爱，则不分好坏，不分高低，无论哭还是笑，无论开心还是难受，一律统统爱，统统接纳，统统理解，统统尊重。

统统爱孩子的哭和笑，自己的哭和笑，他人的哭和笑。

统统接纳孩子的开心和难受，自己的开心和难受，他人的开心和难受。

我们相信，老天不会把不好的东西给予我们。任何一个上苍赐予我们的宝贝，都有其不可替代的价值。如果没有这个宝贝，人生就会陷入灾难。

即所谓：善有善的因果，"恶"有"恶"的逻辑。阳有阳的局限，阴有阴的作用。古人亦曰：孤阳易崩，孤阴不久。唯有阴阳平衡，阴阳交融，才是健康和谐之道。

所以，无论善和不善，阳抑或阴，统统理解，统统尊重。

如何去看到、去理解、去接纳、去尊重人性中所有的善和不善、阳和阴的学问，即无分别的爱。

构成

人性的两面，体现在生命中，不善的一面，阴的一面，曰"小我"，又曰"安全感"，即人性中自我、自私的一面。

人性的两面，体现在生命中，善的一面，阳的一面，曰"大我"，又曰"价值感"，即人性中无我、美德的一面。

人性中，超越善和不善，不在善和不善之中，无所谓阳和阴，不在阴阳之间的存在，曰"真我"，又曰"存在感"。即"道"，即"真如"。

世间人分别，以为应该追逐真我和大我，追逐价值感和存在感，应该去为众生服务，更要去悟道，潜意识中深深鄙夷"小我"，憎恨"自我和自私"。

无分别的爱，则平等地爱小我、大我和真我，认为"三我"完全平等，其间无高无低，无上无下，一律平等，全然接纳。

爱小我，就是看见自己。爱大我，就是看见众生。爱真我，就是看见天地。无分别的爱的道路，同时爱自己，爱众生，爱天地，同时圆满小我，圆满大我，圆满真我。

无分别的爱，是"三我"圆满法门。

关于如何"三我"圆满的学问，即无分别的爱。

次序

一切学问，最后还是要归到人性。

一切人性，都要归到"真善美"三个字。

世间人分别，总要追求善，追求美。

无分别的爱，只是求真，只有求真。

无分别的爱信奉：有了真，就必有善，有美。

反过来，失去了真，不以真为前提，善易成伪善，易成虚假和虚伪，而虚假和虚伪，则是一切罪恶之源。通向地狱的道路，往往是由善意一步一步构成的。人类文明的不断进化和最终超越，唯有赖于求真，关键在于求真。

无分别的爱，就是求真的学问。

无分别的爱认为：真的平衡，即曰善。真的允许，即曰美。人生只是在求真中，尽心而已。

求人性之真的学问，即无分别的爱。

合一

"无分别的爱"，依靠"和心在一起"才能实现，如何"和心在一起"，则有赖于五字诀：静、诚、正、醇、行。

无分别的爱，就是和心在一起，就是静诚正醇行。

和心在一起，就是静诚正醇行，就是无分别的爱。

静诚正醇行，就是无分别的爱，就是和心在一起。

这三者是三而一、一而三的关系。

人学三部曲——《皈心书》、《安心书》和《养心书》，即阐释上述关系的著作。

和心在一起、静诚正醇行的学问，即无分别的爱。

目标

一手制造恐惧，一手制造仁爱，是宗教。

制造仁爱远多于恐惧，是正教，反之则是邪教。

既不制造恐惧，亦不制造仁爱，只是研究客观现象，只是阐述人性真实规律，是人文科学。

无分别的爱，是系统的关于生命教育的思想方法体系，也是系统的关于生命成长的思想方法体系，更是系统的关于人性的哲学本源的思想方法体系。

它是人文科学的一套系统的思想方法体系。

它教人相信自己，相信人性，不依赖任何权威和救世主。

它教人不要奴役自己，也不要奴役他人。

它教人独立、自由、自信、担当。

它的目标是建设一个这样的人世间：

真实者的自由联合，独立者的自信协作，幸福者的自觉担当。

只是，这样的人类社会，只有人格完整的人，才能建设成功。

　　培养完整人格的生命的学问，即无分别的爱。

　　无分别的爱，是高贵中的高贵，善良中的善良，美德中的美德，智慧中的智慧。

　　斯即：无分别的爱。

　　斯即：花径。

林　巨